Heut bin ich ein Flummi!

Elke Gulden / Bettina Scheer

Heut bin ich ein Flummi!

Bewegungsverse mit Musik

Mit Musik-CD von Marco Wasem

HERDER

FREIBURG · BASEL · WIEN

Informationen zum Fortbildungsprogramm von Elke Gulden finden Sie unter:
www.elke-gulden.de

MIX
Paper from responsible sources
FSC® C010798
www.fsc.org

www.herder.de

Umschlaggestaltung: Schwarzwaldmädel, Simonswald
Umschlag- und Textillustrationen: Anne Wöstheinrich, Münster
Lektorat: Christine Stadler, Hamburg
Layout, Satz und Gestaltung: Sabine Ufer, Leipzig

Herstellung: Graspo CZ, Zlín
Printed in the Czech Republic

ISBN 978-3-451-37521-7

Vorwort

„Heut' bin ich ein Flummi" besteht aus einem Buch und einer CD, die gemeinsam eine Einheit bilden. 18 stimmungsvolle Verse mit dazu passender Musik schaffen Atmosphären, die von zauberhaft und magisch über abenteuerlich und geheimnisvoll bis hin zu modern und orientalisch reichen. Egal in welche Welt die Worte die Kinder entführen, die Musik lässt sie noch tiefer hineintauchen. Die Melodien und Arrangements spiegeln die Emotion in einer Weise wieder, wie nur Musik es vermag und erreichen damit „die geheimsten Plätze der Seele", wie Platon es schon vor mehr als 2000 Jahren ausgedrückt hat.

Das Buch nutzt eben diese Wirkung der Musik für eine ganzheitliche Bewegungsförderung. Genaue Bewegungsabläufe werden beschrieben, die die Kinder in ihrer Entwicklung altersgerecht fördern. Dabei gibt es durchaus unterschiedliche Schwerpunkte. Mal steht die Kondition im Vordergrund, mal die Koordination, mal die Beweglichkeit und mal die Konzentration. Immer ist die Musik jedoch auf die jeweiligen Abläufe zugeschnitten.

Lesen Sie den Kindern zum praktischen Einstieg den jeweiligen Vers vor. Alternativ können Sie ihn auch gemeinsam von der CD anhören. Danach hören Sie zusammen die Musik. Sprechen Sie mit den Kindern darüber: Wie klingt das Musikstück? Ist das Tempo langsam oder schnell? Klingt es fröhlich oder eher traurig? Spiegelt es die Westernwelt wieder oder klingt es fremdartig wie der Orient?

Anschließend steigen Sie in die Welt der Bewegung ein. Nutzen Sie die Vorschläge aus dem Buch, entwickeln Sie diese mit der Gruppe weiter oder kreieren Sie etwas völlig Neues. Für den Fall, dass Sie ein Thema intensivieren möchten, findet sich am Ende einer jeden Einheit noch eine weiterführende Idee.

Wir wünschen Ihnen viele schöne und fantasiereiche Bewegungseinheiten und wer immer mag, kann die CD auch einfach zum Anhören in den CD-Spieler geben.

Herzlichst Ihre

Elke Gulden und Bettina Scheer

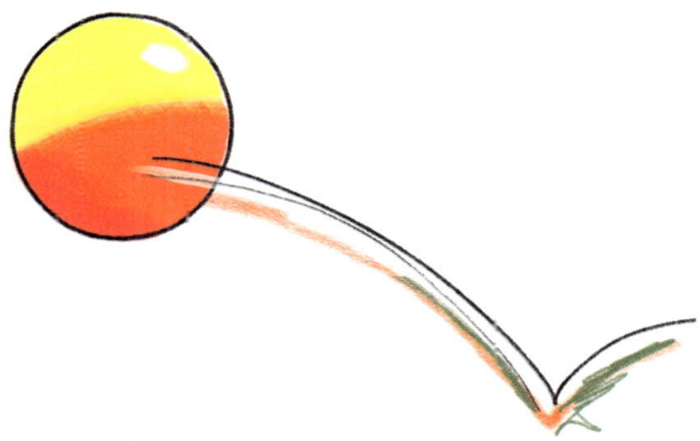

Inhalt

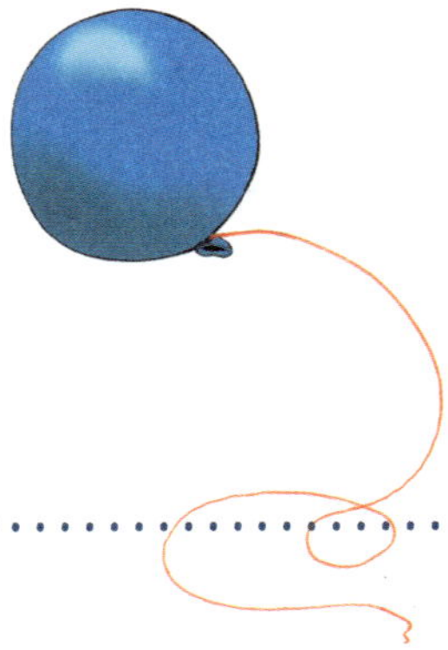

18 Bewegungsverse mit Musik

Der kleine Kältegeist

Kennst du den kleinen Kältegeist,
der eisig um die Häuser kreist?

Dabei sucht er nach allerkleinsten Schlitzen
oder minimalsten Ritzen.
Für sie macht er sich dünn und lang,
sie sind für ihn der Hauseingang.

So kommt er in die Zimmer rein
und macht sich ran an Groß und Klein.
Niemand kann sich vor ihm verstecken.
Er findet dich in allen Ecken.
Kriecht unter Pullis, Hosen, Socken
und bleibt dort erst einmal hocken.

Er ist vergnügt, wenn alles friert,
hasst es, wenn Wärme ihn berührt.

Das Musikstück

Tonart: As-Dur, Taktart: Vierviertel, Tempo: 130 bpm („bpm" = „beats per minute": Maßeinheit aus der Musik, die das Tempo eines Musikstücks angibt)
Das musikalische Stück ist eine sehr atmosphärische Komposition. In den ruhigen Teilen des Arrangements wird der Text des Verses wiedergegeben und steht im Gegensatz zu dem voll arrangierten Teil, der in Bewegung umgesetzt wird.

Bewegungsidee I

Material: (Track **01**)
Vorbereitung: /
Ausgangsposition: Die Kinder stehen im Kreis.

Kennst du den kleinen Kältegeist, *der eisig um die Häuser kreist?*	Fragende Hände (die Arme anwinkeln, die Handflächen zeigen zur Decke). Zitterbewegung
(Instrumentalteil)	Sich zitternd durch den Raum bewegen.
Dabei sucht er nach allerkleinsten Schlitzen oder minimalsten Ritzen. *Für sie macht er sich dünn und lang, sie sind für ihn der Hauseingang.*	Ausschaugeste, beide Handinnenkanten über die Augenbrauen legen. „Dünn" und „lang" mit den Händen zeigen, Daumen in Schulterhöhe nach vorn zeigen.
(Instrumentalteil)	Durch den Raum schreiten.
So kommt er in die Zimmer rein *und macht sich ran an Groß und Klein.*	Sich schlängelnd und windend durch den Raum bewegen, mal im Stehen, mal auf dem Boden. Am Platz gehen. Bei „Groß" die Arme über den Kopf strecken, bei „Klein" die Arme nach unten neben den Körper strecken.
Niemand kann sich vor ihm verstecken. *Er findet dich in allen Ecken.* *Kriecht unter Pullis, Hosen, Socken* *und bleibt dort erst einmal hocken.*	Mit den Zeigefingern abwinken. Sich gegenseitig kitzeln.
(Instrumentalteil)	Durch den Raum laufen und sich gegenseitig fangen.
Er ist vergnügt, wenn alles friert, *hasst es, wenn Wärme ihn berührt.*	Mit dem Kopf nicken. Einmal auf dem Boden aufstampfen.
(Instrumentalteil)	Stampfend durch den Raum gehen.

So geht's: Üben Sie mit den Kindern zuerst den Text mit den dazugehörigen Bewegungen ohne Musik. Dann bewegen Sie sich zu Track **01**.

Bewegungsidee 2

Material: (Track **01**), eine weiche Kunstfeder
Vorbereitung: Ein Kind bekommt die Feder (Federkind).
Ausgangsposition: Alle anderen Kinder liegen frei auf dem Boden.

So geht's: Das „Federkind" geht ruhig im Grundschlag der Musik durch den Raum. Bei einem Kind seiner Wahl bleibt es stehen und berührt dieses auf einer freien Körperstelle mit der Feder. Das ausgewählte Kind erhebt sich und das Federkind übergibt ihm die Feder und wird zum neuen Federkind, das nun durch den Raum zu einem anderen Kind geht. Das alte Federkind setzt sich auf den freigewordenen Platz am Boden. Die Rollen wurden getauscht. Wenn jedes Kind so aufgeweckt wurde, dürfen alle bis zum Ende des Musikstücks frei tanzen.

Bewegungsidee 3

Material: (Track **49**: Instrumentalversion), Erlebnistuch (Le Bonbond), 2 Chiffontücher
Vorbereitung: Zwei Kinder werden ausgewählt, die Erzieherin bedient den CD-Player für den „Musikstopp".
Ausgangsposition: Alle Kinder stehen im Kreis um das Erlebnistuch und halten dieses fest. Die zwei ausgewählten Kinder treten mit den Chiffontüchern in die Kreismitte.

So geht's: Die Kinder schwingen das Erlebnistuch auf und ab, während die beiden Kinder in der Mitte mit ihren Tüchern frei tanzen. Bei „Musikstopp" tauschen die beiden Chiffontuchkinder mit zwei anderen Kindern die Position. Dabei übergeben sie ihr Tuch an die Tauschkinder.

Kreativtipp

Eiswürfelbilder

Material: Eiswürfelbehältnis, Wasser, Lebensmittelfarbe, Gefrierfach, weißes Papier
Vorbereitung: Füllen Sie gemeinsam mit den Kindern ein Eiswürfelbehältnis mit Wasser und geben in jedes Fach ein wenig Lebensmittelfarbe. Anschließend stellen Sie die Behälter ins Gefrierfach.

So geht's: Sind die Eiswürfel gefroren, gehen Sie mit den Kindern nach draußen. Jedes Kind erhält ein weißes Blatt Papier und schon kann es losgehen. Die Kinder lassen die bunten Eiswürfel über das Papier gleiten, dabei entstehen wunderschöne pastellfarbene Gemälde.

Tipp: Wer möchte, kann die Eiswürfel auch mit einem kleinen Holzstiel zum Festhalten versehen. Diese werden in die einzelnen Vertiefungen des Eiswürfelbehälters gesteckt, nachdem die Flüssigkeit begonnen hat zu frieren, was ungefähr nach 60 Minuten der Fall ist. Allerdings lieben die Kinder es in der Regel, wenn sie die Eiswürfel direkt in die Hand nehmen können, vor allem wenn es ein warmer Sonnentag ist.

Im Land der Schneekönigin

In einem Land voll Eis und Schnee
regiert die Schneekönigin Aïmee.
Ihr Schloss ist ganz aus Eis gebaut,
sie passt auf, dass es niemals taut.

Schneeflöckchen leben überall,
laufen Schlittschuh, tanzen auf dem Winterball.
Eiskristalle glitzern im Sonnenschein,
jeder von ihnen ist ein kleiner Edelstein.

Auch der Nordwind ist im Schloss zu Haus',
hat er frei, so ruht er sich im Garten aus.
Er blickt auf eine traumhaft schöne Schneelandschaft
und findet's einfach zauberhaft.

Das Musikstück

Tonart: F-Dur, Taktart: Vierviertel, Tempo: 86 bpm
Dieses Stück mit einem märchenhaften Arrangement stellt zuerst die Schneekönigin in ihrem Land vor. Das Hinzukommen des Klaviers im zweiten Teil imitiert die Schneeflöckchen. Im dritten Teil übernimmt die Klarinette die Rolle des Nordwindes.

Bewegungsidee 1

Material: (Track **02**), weiße Chiffontücher, Krepp-Klebeband
Vorbereitung: Ein Kind wird zur Königin und ein Kind zum Nordwind ausgewählt.
Die restlichen Kinder werden in zwei verschiedene Gruppen aufgeteilt. Die Beschreibung geht von 20 Kindern aus. In der Raummitte wird ein Kreuz aus Krepp-Klebeband aufgeklebt, dieses dient der besseren Orientierung für die Kinder.

Ausgangsposition:
Gruppe 1: Schlosskinder (acht Kinder): Jedes Kind hat ein weißes Tuch in der Hand.
Gruppe 2: Schneeflöckchenkinder (zehn Kinder): Auch hier hat jedes Kind ein weißes Tuch in der Hand.

In einem Land voll Eis und Schnee regiert die Schneekönigin Aïmee. Ihr Schloss ist ganz aus Eis gebaut, sie passt auf, dass es niemals taut.	Die Königin positioniert sich in der Mitte des Raumes. Die Schlosskinder bilden einen Kreis um die Königin.
Schneeflöckchen leben überall, laufen Schlittschuh, tanzen auf dem Winterball. Eiskristalle glitzern im Sonnenschein, jeder von ihnen ist ein kleiner Edelstein.	Die Schneeflöckchenkinder tanzen frei um die Schlosskinder herum, während sich die Königin mit ausgestreckten Armen um sich selbst im Kreis dreht.
Auch der Nordwind ist im Schloss zu Haus', hat er frei, so ruht er sich im Garten aus. Er blickt auf eine traumhaft schöne Schneelandschaft und findet's einfach zauberhaft.	Das Nordwindkind geht in die Kreismitte und tanzt mit der Königin. Gleichzeitig werfen die Schneeflöckchenkinder die Tücher in die Luft und fangen diese wieder.

So geht's: Erarbeiten Sie die unterschiedlichen Bewegungen zuerst ohne Musik mit den Kindern. Anschließend tanzen alle gemeinsam zu Track **02**. Tauschen Sie mehrmals die verschiedenen Rollen durch.

Bewegungsidee 2

Material: (Track **02**)
Vorbereitung: /
Ausgangsposition: Die Kinder sitzen in der Hocke verteilt im Raum.

In einem Land	Alle Kinder stehen auf.
voll Eis	Rechte Hand einstützen.
und Schnee	Linke Hand einstützen.
regiert die Schneekönigin Aïmee.	Beine beugen und strecken.
Ihr Schloss ist ganz aus Eis gebaut,	In die Kreismitte hineingehen.
sie passt auf, dass es niemals taut.	Aus der Kreismitte herausgehen.
Schneeflöckchen	Rechten Arm nach oben strecken.
leben	Linken Arm nach oben strecken.
überall,	Beide Arme über die Seite im Halbkreis nach unten führen.
laufen Schlittschuh, tanzen auf dem Winterball.	4-mal im Wechsel mit den Fußspitzen auf den Boden tippen.
Eiskristalle	Rechten Arm zur Seite strecken.
glitzern	Linken Arm zur Seite strecken.
im Sonnenschein,	Arme über unten, dann vorn, nach oben wieder zur Seite strecken (Armkreis).
jeder von ihnen ist ein kleiner Edelstein.	Sich um die eigene Achse drehen und wieder einen Kreis bilden, sich dabei die Hände geben.
Auch der Nordwind ist im Schloss zu Haus',	Auf der Kreisbahn vorwärtsgehen.
hat er frei, so ruht er sich im Garten aus.	Auf der Kreisbahn rückwärtsgehen und am Ende stehen bleiben.
Er blickt *auf eine* *traumhaft schöne* *Schneelandschaft*	Ausschaugeste mit der linken Hand, Hand bleibt über den Augenbrauen, nach links schauen. Dann Ausschaugeste mit der rechten Hand, Hände bleiben über den Augenbrauen, nach rechts schauen.
und findet's einfach zauberhaft.	Mit acht Schritten um die eigene Achse drehen.

So geht's: Nach einigen Durchläufen ohne Musik lassen Sie die Kinder sich zu Track **02** bewegen.

Bewegungsidee 3

Material: (Track **50**), Chiffontücher, Wattebällchen
Vorbereitung: Die Kinder gehen paarweise zusammen Jedes Paar hat ein Chiffontuch und zwei Wattebällchen.
Ausgangsposition: Die Kinderpaare stehen verteilt im Raum. Die Paare halten das Tuch an den vier Ecken fest und legen die beiden Wattebällchen darauf.

So geht's: Die Kinder tanzen zur Musik frei durch den Raum. Dabei drehen sie sich und bewegen das Tuch auf und ab. Welchem Paar gelingt es dabei, die Wattebällchen auf dem Tuch zu halten?

Tipp: Probieren Sie mit den Kindern noch weitere Bewegungsmöglichkeiten aus.

Kreativtipp

Eiswindlicht

Material: zwei Gefäße, z. B. Plastikschüsseln, von denen eines kleiner als das andere ist (idealerweise haben beide Gefäße die gleiche Form), Wasser, Dekorationsutensilien, Stein/Sand/Paketklebeband, Gefriertruhe, Teelicht/Kerze, Bastfäden, Ast, …
Vorbereitung: Stellen Sie die beiden Gefäße ineinander und füllen Sie den Zwischenraum mit kaltem Wasser, wobei Sie die kleinere Schüssel in der Mitte der Größeren platzieren. Wenn die Kinder mögen, können sie in das Wasser Winterbeeren, Fichtennadeln oder auch Glitzerkonfetti geben.

Tipp: Damit das innere Gefäß nicht verrutscht, beschweren Sie es mit einem Stein oder etwas Sand. Alternativ können Sie es auch mit Paketklebeband von oben befestigen.)

So geht's: Nun braucht es nur noch eine eiskalte Nacht (oder eine Gefriertruhe) und das Eiswindlicht ist fertig. Entfernen Sie die Gefäße von dem Eis und stellen Sie ein Teelicht (oder abhängig von der Größe eine Kerze) in das Windlicht und platzieren Sie dieses draußen vor einem der Kindergartenfenster.

Deko-Tipp: Als Verzierung können Sie das Windlicht z. B. zweimal mit einem farbigen Bastfaden umwickeln, in dessen Knoten oder Schleife Sie einen feinen, kahlen Ast einbinden.

Es regnet

Du denkst, du sagst, es regnet,
und dann ist alles klar.
Doch Regen gibt's in vielen Formen,
das ist wirklich wahr.

Regentropfen tropfen,
tropfen ringsumher;
manchmal nur ganz selten,
manchmal etwas mehr.

Du denkst, du sagst, es regnet …

Manchmal regnet's leise,
aber ganz schön doll.
Das mögen alle Blumen,
sie finden's wundervoll.

Du denkst, du sagst, es regnet …

Das Wasser fällt vom Himmel
als schüttet's jemand aus.
Man denkt, es fällt aus Eimern
ganz einfach nur heraus.

Du denkst, du sagst, es regnet …

Manchmal frieren auch die Tropfen
auf ihrem Weg zu Eis.
Dann hört man sie laut prasseln
und die Straße wird ganz weiß.

Bewegungsidee 1

Material: (Tracks **03** + **51**), Krepp-Klebeband
Vorbereitung: Mit einem Kreuz aus Kreppband die Kreismitte am Boden markieren.
Ausgangsposition: Die Kinder stehen im Kreis. Die Hände sind eingestützt.

Du denkst, du sagst, es regnet, *und dann ist alles klar.* *Doch Regen gibt's in vielen Formen,* *das ist wirklich wahr.*	Die Finger von oben nach unten zappelnd bewegen. Daumen in Brusthöhe nach vorn strecken. In die Hocke gehen und mit den Fingern auf den Boden tippeln. Aufstehen, Hände einstützen und mit dem Kopf nicken.
Regentropfen tropfen, *tropfen ringsumher.* *Manchmal nur ganz selten,* *manchmal etwas mehr.*	Auf den Zehenballen (Zehenspitzen) auf der Kreisbahn rechts herumgehen, die Arme sind über den Kopf gestreckt.
Du denkst, du sagst, es regnet …	s. o.
Manchmal regnet's leise, *aber ganz schön doll.* *Das mögen alle Blumen,* *sie finden's wundervoll.*	In die Kreismitte hineingehen. Aus der Kreismitte wieder herausgehen.
Du denkst, du sagst, es regnet …	s. o.
Das Wasser fällt vom Himmel *als schüttet's jemand aus.* *Man denkt, es fällt aus Eimern* *ganz einfach nur heraus.*	Frei durch den Raum laufen.
Du denkst, du sagst, es regnet …	s. o.
Manchmal frieren auch die Tropfen *auf ihrem Weg zu Eis.* *Dann hört man sie laut prasseln* *und die Straße wird ganz weiß.*	Mit einer Stampfbewegung zurück in den Kreis kommen.

So geht's: Üben Sie den Bewegungsablauf zunächst ohne Musik. Sobald sich die Kinder sicher sind, lassen Sie Track **03** dazu laufen. Hier ist der Text zur Musik zu hören. Im weiteren Verlauf können die Kinder die Bewegungen zu Track **51** (Instrumentalversion) ausführen.

Das Musikstück

Tonart: A-Dur, Taktart: Vierviertel, Tempo: 122 bpm
Die Komposition interpretiert das bekannte Kinderlied „Es regnet, es regnet, es regnet seinen Lauf". Im Verlauf wird die Musik immer schneller und wilder, bis hin zum Hagel. Dieser erklingt in einem mächtigen Arrangement, welches in Moll endet.

Bewegungsidee 2

Material: (Track **03**), Handtrommeln, Rhythmus-Eier, Glöckchen, Klanghölzer
Vorbereitung: Wenn nicht für jedes Kind das jeweilige Instrument vorhanden ist, teilen Sie die Instrumente auf oder bieten Sie Alternativbewegungen ohne Instrumente an, z. B.: „Es tröpfelt": mit den Fingern auf den Boden tippeln; „Es nieselt": mit den Fingern in der Luft zappeln; „Es schüttet": in die Hände klatschen; „Es hagelt": mit den Händen auf den Boden trommeln.
Ausgangsposition: Die Kinder sitzen im Kreis und haben die Instrumente vor sich liegen.

Du denkst, du sagst, es regnet, *und dann ist alles klar.* *Doch Regen gibt's in vielen Formen,* *das ist wirklich wahr.*	Die Finger von oben nach unten zappelnd bewegen. Daumen in Brusthöhe nach vorn zeigen. Mit den Fingern auf den Boden tippeln. Aufstehen, Hände einstützen und mit dem Kopf nicken.
Regentropfen tropfen …	Mit den Fingern auf den Trommeln tippeln.
Du denkst, du sagst …	s. o.
Manchmal regnet's leise …	Die Rhythmus-Eier schütteln.
Du denkst, du sagst …	s. o.
Das Wasser fällt vom Himmel …	Die Glöckchen schütteln.
Du denkst, du sagst …	s. o.
Manchmal frieren auch die Tropfen …	Die Klanghölzer anschlagen.

So geht's: Bereiten Sie Bildkarten für die vier Regenarten (tröpfeln, nieseln, schütten und hageln) vor und legen Sie diese auf dem Boden aus. Besprechen Sie sie mit den Kindern und ordnen Sie dann jedem der o.a. Instrumente ein Regenmotiv zu. Anschließend erarbeiten Sie die Bewegungen zu „Du denkst, du sagst …".

Spieltipp

Fingerspiel und Klanggeschichte

Der Vers wird zunächst im Stuhlkreis als Fingerspiel eingeführt und anschließend als Klanggeschichte weitergeführt.

So geht's: Als **Fingerspiel** wird der Regen mit den eigenen Händen hörbar gemacht. Sprechen Sie dafür einen einzelnen Versabschnitt vor, beginnend bei „Es tröpfelt …", den die Kinder im Anschluss nachsprechen. Danach leiten Sie zu der nächsten Regenform über:

- „Regentropfen tropfen …": Dirigieren Sie die Kinder. Zeigen Sie jeweils auf ein Kind im Kreis, das daraufhin mit zwei Fingern auf den Boden tippt. Fordern Sie die Kinder nicht in ihrer Sitzfolge, sondern durcheinander auf und variieren Sie dabei die Geschwindigkeit.
- „Manchmal regnet's leise …": Die Kinder lassen ihre zehn Fingerspitzen auf dem Boden tanzen.
- „Das Wasser fällt vom Himmel …": Die Kinder patschen schnell mit ihren Händen auf den Boden.
- „Manchmal frieren auch die Tropfen …": Die Kinder klopfen laut und schnell mit ihren Fingerknöcheln auf den Boden.

Nun wird der Vers als **Klanggeschichte** umgesetzt, dafür erhält jedes Kind ein eigenes Paar Klanghölzer:

- „Regentropfen tropfen …": Die Enden der Klanghölzer aneinander tippen.
- „Manchmal regnet's leise …": Die Klanghölzer leise aufeinander schlagen.
- „Das Wasser fällt vom Himmel …": Mit den Klanghölzern auf den Boden trommeln.
- „Manchmal frieren auch die Tropfen …": Beide Klanghölzer senkrecht halten und auf den Boden schlagen.

Novembermorgen

Nebelschwaden ziehen übers Feld,
dichtes Weiß verkleidet die Welt.
Auf Gräsern liegt der Morgentau,
kleine Tröpfchen in Weiß-Grau.

Still ist es hier in der Natur,
von Lärm und Hektik keine Spur.
Reh und Kitz stehn starr am Waldesrand,
versteckt in dieser Nebelwand.

Der Nebel hebt sich, steigt hinauf
und löst sich schließlich selber auf.
Verschwunden sind nun Reh und Kitz
ich steig' von meinem Förstersitz.

Das Musikstück

Tonart: C-Moll, Taktart: Vierviertel, Tempo: 60 bpm
Das langsame Tempo, die Wahl der Tonart C-Moll und der Einsatz von Violinen, Violas, Celli und Klavier rufen bei dem Zuhörer das Gefühl hervor, von Nebelschwaden umgeben zu sein.

Bewegungsidee I

Material: (Tracks **04** + **05**), weiße Chiffontücher
Vorbereitung: Jedes Kind kann sich nach einigen Durchläufen ein Chiffontuch nehmen.
Ausgangsposition: Die Kinder stehen frei verteilt im Raum.

Nebelschwaden ziehen übers Feld, dichtes Weiß verkleidet die Welt. Auf Gräsern liegt der Morgentau, kleine Tröpfchen in Weiß-Grau.	Mit langsamen Bewegungen durch den Raum gehen. In die Hocke gehen.
Still ist es hier in der Natur, von Lärm und Hektik keine Spur. Reh und Kitz steh'n starr am Waldesrand, versteckt in dieser Nebelwand.	In den Vierfüßlerstand gehen. Beine und Arme durchstrecken, Po anheben (Yogaposition „Herabschauender Hund").
Der Nebel hebt sich, steigt hinauf und löst sich schließlich selber auf. Verschwunden sind nun Reh und Kitz ich steig' von meinem Förstersitz.	Langsam zum Stehen kommen. Sich frei durch den Raum bewegen.

So geht's: Lauschen Sie zunächst gemeinsam mit den Kindern den gesprochenen Versen von Track **04**. Üben sie dann ohne CD mit den Kindern Vers für Vers die entsprechenden Bewegungen ein, wobei Sie den Text langsam dazu sprechen. Wenn den Kindern die Bewegungsabläufe vertraut sind, können sie versuchen, sich zu den gesprochenen Versen von Track **04** zu bewegen.

Nach einigen Durchläufen dürfen sich die Kinder ein weißes Chiffontuch nehmen und sich frei zu Track **05** durch den Raum bewegen. Dabei können sie verschiedene Möglichkeiten ausprobieren, wie mit dem Tuch als Nebelschwade getanzt werden kann, z. B. kann das Tuch kreisen, schwingen, fliegen, sich vor dem Körper drehen … Natürlich kann es auch die Kinder verstecken, indem sie es sich selbst über den Kopf legen.

Tipp: Probieren Sie unterschiedliche Spielarten mit den Kindern aus und geben Sie ihnen Zeit, eigene Ideen zu entwickeln.

Bewegungsidee 2

Material: (Track **05**), ein Schwungtuch
Vorbereitung: /
Ausgangsposition: Alle Kinder sitzen auf ihren Unterschenkeln um das Schwungtuch herum und halten es mit beiden Händen fest.

So geht's: Bewegen Sie gemeinsam mit den Kindern das Schwungtuch zu Track **05**. Wechseln Sie die folgenden drei Bewegungen ab: Das Tuch …

- … langsam auf- und abbewegen.
- … hin- und herbewegen.
- … im Kreis weitergeben.

Im Verlauf der Melodie stehen alle gemeinsam auf und bewegen das Tuch weiterhin auf und ab. Dann kann die Gruppe mit dem Tuch:

- im Kreis gehen.
- große Wellenbewegungen ausführen.
- in die Kreismitte hineingehen und wieder rückwärts aus der Kreismitte herausgehen.

Alle kehren am Ende der Melodie in die Ausgangsposition zurück und schwingen das Tuch noch einige Male auf und ab, bevor es nach dem letzten Schwung hinter den Körpern abgesenkt wird, sodass nun alle unter dem Schwungtuch sitzen.

Experiment

Wie entsteht Nebel?

Nebel ist eine interessante Naturerscheinung. Doch wie kommt er zustande?
Oft entsteht Nebel am Abend oder in der Nacht, wenn sich die feuchtwarme Luft abkühlt. Dann bilden sich Millionen feinster Wassertröpfchen: der Nebel. Die abgekühlte Luft wird schwerer und sinkt nach unten. Deshalb entsteht Nebel zunächst in Senken, Niederungen und dicht über dem Boden.
Hier ist ein Experiment, mit dem Kinder die grauen Schwaden selbst herstellen können.

Material: Flasche, Wasser, Eiswürfel
Vorbereitung: Um Nebel selbst herzustellen, füllen Sie eine erwärmte Flasche zur Hälfte mit Wasser.
Ausgangsposition: Ein Kind legt einen Eiswürfel auf die Flaschenöffnung.

So geht's: Jetzt können die Kinder ihren Nebel beobachten, denn durch die Verdunstung steigt warme Luft nach oben, wo sie durch den Eiswürfel wieder abkühlt wird.

Aus: Gabriele Wensky und Sandra Hänsch, Unser Wetter, PeP-Mappe 2/2003, ©2003 Verlag Herder, Freiburg im Breisgau.

Die Zirkuswelt

Unter einem riesengroßen Zelt
verbirgt sich eine kunterbunte Welt.

Hier leben Zauberer und Artisten,
Akrobaten stapeln Kisten.

Der Clown bringt alle Mann zum Lachen,
Feuerschlucker machen gefährliche Sachen.

Dompteure zähmen Affen, Löwen, Tiger.
Jeder ist ein großer Sieger.

Am Abend strahlen helle Lichter
und zaubern fröhliche Gesichter.

Der Direktor sagt: „Gleich geht es los!
Ich sage euch, die Show wird grandios.“

HEREINSPAZIERT!!!

Das Musikstück

Die drei Ministücke (Track **07**, **08** und **09**) sind mit dem für einen Zirkus typischen Blasorchester instrumentiert. Dies lässt den Zuhörer sofort im großen Zirkuszelt Platz nehmen und am Geschehen teilnehmen.

Bewegungsidee I

Material: (Track **06**), Krepp-Klebeband
Vorbereitung: In der Raummitte ist das Zentrum des Kreises mit einem aufgeklebten Kreuz markiert. Das dient den Kindern als Orientierung.
Ausgangsposition: Die Kinder stehen im Kreis und fassen sich an den Händen.

Unter einem riesengroßen Zelt	4 Schritte in die Mitte hineingehen, dabei die Arme gestreckt nach oben führen.
verbirgt sich eine kunterbunte Welt.	4 Schritte aus der Mitte herausgehen.
Hier leben Zauberer und Artisten,	Mit den Händen einen Zauberhut darstellen.
Akrobaten stapeln Kisten.	Beine beugen, Oberkörper tief neigen, Hände zum Boden führen, Körper aufrichten, dabei imaginär eine Kiste stapeln.
Der Clown bringt alle Mann zum Lachen,	Mit dem Zeigefinger über das Gesicht ein großes Lachen streichen.
Feuerschlucker machen gefährliche Sachen.	Mit rechts einen Ausfallschritt nach vorn machen, dabei das Gewicht auf den rechten Fuß verlagern, gleichzeitig die Hände vom Mund beginnend nach vorn strecken als würde man Feuer spucken, am Ende wieder zurück in die Ausgangsposition gehen.
Dompteure zähmen Affen, Löwen, Tiger.	Einen Affen darstellen.
Jeder ist ein großer Sieger.	Einen Luftsprung machen und die Arme nach oben strecken.
Am Abend strahlen helle Lichter	Auf dem linken Bein stehen, rechtes Bein anwinkeln, dabei die Handballen in Brusthöhe aneinander legen.
und zaubern fröhliche Gesichter.	Rechten Fuß absetzen, Arme diagonal nach oben führen, um die eigene Achse drehen.
Der Direktor sagt: „Gleich geht es los!	Füße schließen, Hände in die Hüften einstützen,
Ich sage euch, die Show wird grandios.“	mit dem Kopf nicken.
HEREINSPAZIERT!!!	Arme in Schulterhöhe nach vorn strecken. Zu den Akteuren zeigen.

So geht's: Der Vers wird bei dieser Bewegungsidee ohne Musik umgesetzt.

Bewegungsidee 2

Material: (Tracks **07**, **08**, **09**), ein Becken
Vorbereitung: /
Ausgangsposition: Die Kinder sitzen nebeneinander im Kreis.

So geht's:

- Track **09**: Spielen Sie zuerst diesen Track ab, um die Kinder auf das Thema Zirkus einzustimmen. Gemeinsam überlegen Sie mit den Kindern, welche Stars es in der Manege gibt.
- Track **07**: Alle Kinder stehen paarweise mit einer Hand gefasst hinter der Erzieherin. Marschieren Sie zusammen mit den Kindern auf geraden Raumwegen durch den Raum. Wechseln Sie nach Belieben die Richtung im 90°-Winkel. Mit der freien Hand winken.
- Track **08**: Die Kinder spielen Seiltänzerinnen. Dafür gehen sie drei Schritte vorwärts und drehen sich dann um die eigene Achse. Zeigen Sie den Kindern verschiedene Möglichkeiten des Drehens: auf einem Bein drehen, drehen mit verschiedenen Armpositionen, z. B. Arme in der Seithalte, über dem Kopf oder beim Drehen einstützen.
- Track **09**: Die Kinder spielen Clowns und laufen in verschiedenen Variationen durch den Raum, z. B. 4-mal die Knie während des Laufens vorn hochziehen („Skipping") und 4-mal die Fersen während des Laufens an den Po schlagen (anfersen). Die Kinder lieben es auch, ab und an umzufallen. Um den Zeitpunkt des Fallens zu signalisieren, schlagen Sie das Becken an.

Turnübungen

Kleine Akrobaten

Kinder sind begeistert von der Zirkuswelt und lieben es, in die Welt der Zirkuskünstler einzutauchen. Die folgenden drei „Nummern" können auch schon kleine Artisten ausführen. Üben Sie die Nummern grundsätzlich auf einer Matte und stehen Sie immer als Hilfestellung bereit. Für diese Übungen ist eine gute Körperspannung wichtig. Führen Sie sie daher nur mit Kindern durch, die diese schon gut beherrschen.

Der Hubschrauber

Ausgangsposition: Die Kinder gehen paarweise zusammen.

So geht's: Ein Kind kniet auf einem Schienbein. Der Fuß des anderen Beins ist davor aufgestellt. Beide Arme sind in einem „V" lang nach oben über den Kopf ausgestreckt. Das zweite Kind stellt sich diagonal versetzt hinter das erste Kind. Es streckt seine Arme ebenfalls in einem „V" nach oben und reicht dem ersten Kind seine Hand. Alle Arme sind immer noch gestreckt. Nun hebt es ein Bein möglichst gerade nach hinten in die Luft.

Die Brücke

Ausgangsposition: Die Kinder gehen paarweise zusammen.

So geht's: Ein Kind kniet auf seinen Schienbeinen und stützt sich dabei mit seinen Händen auf dem Boden ab. Der Rücken ist gerade.* Das zweite Kind legt seine Füße auf den Po des knienden Kindes und stützt sich mit seinen Händen ab. Der Körper in der Luft sollte dabei ganz gerade sein. Kann eines der beiden Kinder noch eine Hand parallel zum Boden ausstrecken?

* Haben beide Kinde nicht die gleiche Körperkonstitution, so nimmt das körperlich stärkere Kind die knieende Funktion ein.

Das Flugzeug

Ausgangsposition: Die Kinder gehen paarweise zusammen.

So geht's: Ein Kind sitzt auf seinen Unterschenkeln auf dem Boden.* Das zweite Kind legt seine Füße auf den Schultern dieses Kindes ab und stützt sich mit ausgestreckten Armen auf dem Boden ab. Der Körper in der Luft sollte dabei ganz gerade sein. Das erste Kind breitet seine Arme in Schulterhöhe parallel zum Boden aus.

* Haben beide Kinder nicht die gleiche Körperkonstitution, so nimmt das körperlich stärkere Kind die sitzende Funktion ein.

Kitzelmonster

Das Kitzelmonster schleicht sich ran,
legt sorgsam seine Finger an:
Tickelditick und tickelditack
treibt es seinen Schabernack.
Tickelditick …

Es zwickelt an empfindlichsten Stellen,
das Giggeln kommt in lauten Wellen.
Tickelditick und tickelditack
treibt es seinen Schabernack.
Tickelditick …

Das Kitzelmonster kitzelt im Übermaß,
doch auch sein Opfer hat nen Heidenspaß.
Tickelditick und tickelditack
treibt es seinen Schabernack.
Tickelditick …

Bewegungsidee I

Material: (Tracks **10** + **56**)
Vorbereitung: /
Ausgangsposition: Die Kinder stehen nebeneinander im Kreis.

Das Kitzelmonster schleicht sich ran, *legt sorgsam seine Finger an:* *Tickelditick und tickelditack* *treibt es seinen Schabernack.*	Auf Zehenspitzen durch den Raum gehen, dabei die Arme lang über den Kopf strecken. Stehen bleiben und mit den Fingern zappeln. Bei „Schabernack“ 3-mal schnell in die eigenen Hände klatschen.
Tickelditick und tickelditack *treibt es seinen Schabernack.*	s. o.
(Instrumentalteil)	Freies Tanzen durch den Raum.
Es zwickelt an empfindlichsten Stellen *das Giggeln kommt in lauten Wellen.*	Auf Zehenspitzen durch den Raum gehen, dabei die Arme lang über den Kopf strecken.
Tickelditick und tickelditack *treibt es seinen Schabernack.*	s. o.
Tickelditick und tickelditack *treibt es seinen Schabernack.*	s. o.
(Instrumentalteil)	Freies Tanzen durch den Raum.
Das Kitzelmonster kitzelt im Übermaß, *doch auch sein Opfer hat nen Heidenspaß.*	Auf Zehenspitzen durch den Raum gehen, dabei die Arme lang über den Kopf strecken.
Tickelditick und tickelditack *treibt es seinen Schabernack.*	s. o.
Tickelditick und tickelditack *treibt es seinen Schabernack.*	s. o.

So geht's: Üben Sie mit den Kindern zuerst den Text mit den dazugehörigen Bewegungen. Dann bewegen sie sich zu Track **10**. Track **56** ist die reine Instrumentalversion. Sie kann dann verwendet werden, wenn alle Kinder die Bewegungsabläufe gut verinnerlicht haben.

Tipp: Während der Instrumentalteile können sich die Kinder auch zum gemeinsamen Tanzen zusammenfinden, z. B.:

- 1. Instrumentalteil: Jedes Kind tanzt alleine frei im Raum.
- 2. Instrumentalteil: Immer zwei Kinder bilden ein Paar, sie stellen sich mit entgegengesetzten Blickrichtungen nebeneinander, winkeln ihre rechten Arme nach oben an und legen die Innenseiten ihrer Unterarme aneinander. Dann drehen sie sich zusammen im Kreis.
- 3. Instrumentalteil: Die Kinder gehen zu viert zusammen. Sie strecken ihre rechten Arme in die Kreismitte und legen die Handflächen aufeinander. Gemeinsam gehen sie im Kreis (Schneeflocke).

Das Musikstück

Tonart: C-Moll, Taktart: Vierviertel, Tempo: 112 bpm
Zum A-Teil der Musik ist ein rhythmisches Mitsprechen des Verses möglich. Im B-Teil symbolisiert das Klavier das Kitzeln des kleinen frechen Monsters.

Bewegungsidee 2

Material: /
Vorbereitung: /
Ausgangsposition: Die Kinder stehen frei im Raum verteilt.

Übernehmen Sie die Rolle des Kitzelmonsters. Schleichen Sie im Takt und in Vorfreude auf Ihr nächstes Kitzelopfer durch den Raum. Dabei kitzeln Sie immer wieder plötzlich und unvermittelt ein Kind, an dem Sie vorbeikommen. Drehen Sie sich dabei auch hin und wieder unerwartet blitzschnell noch einmal um und kitzeln Sie, obwohl Sie gerade an einem Kind vorbeigegangen sind. Es ist die Überraschung und der nicht vorhersehbare Moment, den die Kinder besonders lieben. Spielen Sie mit Blicken und Gesten.

Bewegungsidee 3

Material (Instrumente): Klangstäbe auf c′ und g′, 1 Xylophon (alternativ ein Glockenspiel), Klanghölzer
Vorbereitung: Jedes Kind erhält ein Instrument. Drei Kinder werden ausgewählt, zwei bekommen die beiden Klangstäbe und eines spielt das Xylophon. Alle anderen erhalten jeweils ein Paar Klanghölzer.
Ausgangsposition: Alle Kinder sitzen im Kreis. Die Kinder mit den Klangstäben und dem Xylophon sitzen in der Kreismitte und spielen von dort.

So geht's: Die Kinder begleiten die Melodie im Grundschlag. Die beiden Klangstäbe spielen die ganze Zeit. Die Töne des Xylophons werden von oben nach unten einzeln an der Stelle angeschlagen, bei der es heißt: „… treibt es sei-nen Scha- …".
Die Klanghölzer begleiten das Stück ebenfalls durchgehend. Dabei ändert sich immer wieder die Spielweise: reiben, tippen auf verschiedene Weise, hobeln etc.
Die Kreiskinder können ihre Schlägel zwischendurch mit anderen Kindern gegen Klanghölzer tauschen, sodass mehrere Kinder im Laufe des Stückes Klangstäbe und Xylophon spielen können.

Hinweis zum Kreativtipp auf der nächsten Seite:
Kopieren Sie je ein Ausmalbild „Mein Kitzelmonster" für jedes Kind in der Gruppe.

Mein Kitzelmonster

Alle meine Entchen

Wisst ihr, dass allen Enten dieser Welt
Musik so richtig gut gefällt?
Sie schnattern und flattern zu einer Melodie
in wirklich jeder Entenkolonie.
Entchen für Entchen lernt den Text –
jeden Tag, während es wächst:

Alle meine Entchen
schwimmen auf dem See,
schwimmen auf dem See.
Köpfchen in das Wasser,
Schwänzchen in die Höh'.

Doch jeder einzelne Entenschwarm
singt es mit ganz eigenem Charme.

Das Musikstück

Tonart: C-Dur, Taktart: Vierviertel, Tempo: 54 bpm/156 bpm
Das Musikstück beginnt mit einem leichten Klavierarrangement. Dann folgen Gitarre, Bass und Schlagzeug, die dem Stück einen neuen, modernen Charakter verleihen.

Bewegungsidee I

Material: (Track **11**)
Vorbereitung: /
Ausgangsposition: Die Kinder stehen in einer langen Reihe hintereinander.

Wisst ihr, dass allen Enten dieser Welt Musik so richtig gut gefällt? Sie schnattern und flattern zu einer Melodie in wirklich jeder Entenkolonie. Entchen für Entchen lernt den Text – jeden Tag, während es wächst.	Die Kinder watscheln hintereinander als Enten durch den Raum, während der Text zur Musik gesprochen wird. Am Ende des Textes stehen alle Kinder im Kreis, die Fingerspitzen berühren sich unterhalb des Bauchnabels, die Arme sind leicht gerundet.
(Instrumentalteil)	In der Position ruhig stehen bleiben.
Alle meine … *… Entchen* *schwimmen auf dem See,* *schwimmen auf dem See.* *Köpfchen in das Wasser,*	Die Arme nach oben führen, sie bleiben dabei gerundet und bilden einen Kreis. Arme zur Seite öffnen. Brustarmschwimmbewegung mit den Armen machen. Die eigenen Hände fassen und die Arme über den Kopf nach oben strecken.
Schwänzchen in die Höh'.	Oberkörper tief nach unten neigen.
Doch jeder einzelne Entenschwarm singt es mit ganz eigenem Charme.	Jedes Kind kann sich frei am Platz als Ente bewegen.
(Instrumentalteil)	Jedes Kind kann sich frei im Raum bewegen.

So geht's: Die Bewegungen können gleich zu Track **11** ausgeführt werden, da das Tempo der Musik langsam beginnt.

Bewegungsidee 2

Material: (Track **11**), Klanghölzer, Krepp-Klebeband
Vorbereitung: Einen Korb zum Einsammeln der Klanghölzer am Rand bereitstellen. Kreis evtl. mit Kreppband markieren.
Ausgangsposition: Die Kinder stehen nebeneinander im Kreis. Jedes Kind bekommt ein Paar Klanghölzer und legt dieses in der Mitte ab. Jedes Kind hat einen Partner neben sich stehen.

Wisst ihr, dass allen Enten dieser Welt Musik so richtig gut gefällt? Sie schnattern und flattern zu einer Melodie in wirklich jeder Entenkolonie. Entchen für Entchen lernt den Text – jeden Tag, während es wächst.	Die Kinder gehen watschelnd hintereinander auf der Kreisbahn. Alle bleiben stehen.
(Instrumentalteil)	Jedes Kind nimmt sich ein Paar Klanghölzer aus der Kreismitte.
Alle meine Entchen schwimmen auf dem See, schwimmen auf dem See. Köpfchen in das Wasser, Schwänzchen in die Höh'.	Die Kinder singen und klopfen die Klanghölzer rhythmisch zum Text.
Doch jeder einzelne Entenschwarm singt es mit ganz eigenem Charme.	Die Kinder drehen sich paarweise zueinander.
(Instrumentalteil)	Die Kinder spielen paarweise mit unterschiedlicher Spielweise mit den Klanghölzern.

So geht's: Auch hier können die Bewegungen gleich zum Track **11** ausgeführt werden.

Bewegungsidee 3

Material: (Track **57**), Federn
Vorbereitung: /
Ausgangsposition: Die Kinder stehen nebeneinander im Kreis. Jedes Kind erhält eine Feder.

So geht's: Während des ruhigeren Teils der Musik tanzen die Kinder mit der Feder mit fließenden, weichen und langsamen Bewegungen durch den Raum. Die Feder kann dabei auf dem Kopf, dem Handrücken, der Schulter oder auch auf dem Fußrücken transportiert werden. Während des schnelleren Teils darf die Feder festgehalten werden und die Kinder können sich tanzend durch den Raum bewegen.

Kreativtipp

Entenfüße

Material: gelbe Fingerfarbe, orangene Farbe, blaue Farbe (alternativ: blauer Buntstift), dicker Pinsel, weißes Papier, 1 Wackelauge (Bastelbedarf)
Vorbereitung: Die Unterseite eines Kinderfußes wird dünn mit gelber Fingerfarbe angemalt. Die Zehen dabei nicht vergessen.

So geht's: Jedes Kind druckt seinen Fuß auf ein weißes Blatt Papier. Oben an die Ferse wird ein kleiner gelber Hals gemalt. Darauf kommt ein runder Kreis als Kopf, der mit der Farbe Orange noch einen kleinen Schnabel erhält. Ist die Farbe getrocknet, bekommen die Enten noch ein Auge und es können mit blauer Farbe einige Wellen unter die Ente gesetzt, so kann sie schnell losschwimmen.

Im Märchenland

Hänsel und Gretel gehen durch den Wald.
Rotkäppchen macht bei ihrer Oma Halt.

Sieben Zwerge tanzen froh und munter.
Rapunzel lässt ihr Haar herunter.

Frau Holle schüttelt ihre Betten aus.
Schneewittchen schaut zum Fenster raus.

Rumpelstilzchen hüpft ums Feuer – hei hoppsassa!
Dornröschen schläft bald hundert Jahr.

Das Musikstück

Tonart: F-Dur, Taktart: Vierviertel, Tempo: 120 bpm
Die Melodie ist in F-Dur gehalten. Fröhlich und lebendig greift sie die Welt der Märchen auf und folgt den verschiedenen Figuren.

Bewegungsidee I

Material: (Tracks **12 + 58**)
Vorbereitung: /
Ausgangsposition: Die Kinder stehen frei verteilt im Raum.

Hänsel und Gretel gehen durch den Wald. *Rotkäppchen macht bei ihrer Oma Halt.*	Freies Gehen durch den Raum. Stehen bleiben, „Freeze" (einfrieren).
Sieben Zwerge tanzen froh und munter.	Freies Laufen durch den Raum, Fersen an den Po schlagen.
Rapunzel lässt ihr Haar herunter.	In die Hocke gehen.
Frau Holle schüttelt ihre Betten aus.	Hampelmann-Sprünge machen.
Schneewittchen schaut zum Fenster raus.	Mit den Händen vor dem Gesicht ein Fenster darstellen.
Rumpelstilzchen hüpft ums Feuer – hei hoppsassa!	Freies Hüpfen durch den Raum.
Dornröschen schläft bald hundert Jahr.	Auf den Boden legen und „schlafen".

So geht's: Die Bewegungen (gehen, laufen, Hampelmann-Sprünge und Wechselhüpfen) werden mit einem Musikstopp-Spiel zu Track **58** (Instrumentalversion) erarbeitet. Während der Musik gehen alle Kinder durch den Raum. Bei Musikstopp bleiben alle stehen und Sie geben eine neue Bewegungsanweisung. Anschließend können die Kinder zu Track **12** die Bewegungen zu dem Vers ausführen, dieser wird von dem Sprecher auf der CD vorgesprochen und von den Kindern später mitgesprochen.

Bewegungsidee 2

Material: (Track **12**)
Vorbereitung: Die Kinder gehen paarweise zusammen.
Ausgangsposition: Jedes Paar steht mit Kreuzhandfassung nebeneinander verteilt im Raum.

Hänsel und Gretel gehen durch den Wald. *Rotkäppchen macht bei ihrer Oma Halt.*	Zu zweit durch den Raum gehen. Stehen bleiben und Hände in die Hüften einstützen.
Sieben Zwerge tanzen froh und munter.	Mit dem Po wackeln.
Rapunzel lässt ihr Haar herunter.	In die Hocke gehen.
Frau Holle schüttelt ihre Betten aus.	Arme und Beine ausschütteln.
Schneewittchen schaut zum Fenster raus.	Mit den Händen vor dem Gesicht ein Fenster formen, Ausschaugeste.
Rumpelstilzchen hüpft ums Feuer – hei hoppsassa!	Hand in Hand durch den Raum hüpfen.
Dornröschen schläft bald hundert Jahr.	Stehen bleiben, Schlafgeste machen.

So geht's: Die Kinder führen paarweise die Bewegungen zu Track **12** aus, sie bleiben die ganze Zeit beieinander.

Kreativtipp

Märchenfiguren basteln

Material: Utensilien zur Gestaltung von Märchenfiguren wie Scheren, Klebestifte, verschiedene Stoffe, Seidenpapier, Malstifte, Watte, Knöpfe, Goldpapier, Wolle …
Vorbereitung: Kopieren Sie eine Bastelvorlage für jedes Kind.

So geht's: Zuerst schneidet jedes Kind eine Bastelvorlage an der gestrichelten Linie entlang aus. Der halbrunde Körper wird nach hinten zusammengebogen, sodass die Papierenden überlappen. An dieser Stelle wird die Figur mit etwas Klebstoff zusammengeklebt. Dann gestaltet es seine Märchenfigur, so wie es ihm gefällt.

Tipps zur Gestaltung der im Vers vorkommenden Märchenfiguren:
- Hänsel und Gretel: Stoff für die Kleidung, Wolle für die Zöpfe von Gretel …
- Rotkäppchen: roter Stoff oder rotes Papier, für die Schürze evtl. Stoffservietten oder Papierdeckchen aus Spitze …
- Die sieben Zwerge: Wolle oder Watte für die Bärte, karierter Stoff …
- Rapunzel: gelbe Wolle für den langen Zopf (geflochten) …
- Frau Holle: graue Wolle für die Haare, für die Schürze evtl. Stoffservietten oder Papierdeckchen aus Spitze, Watte für den Schnee …
- Schneewittchen: schwarze Wolle für die Haare …
- Rumpelstilzchen: graue Wolle für den Bart …
- Dornröschen: Goldfolie für die Krone …

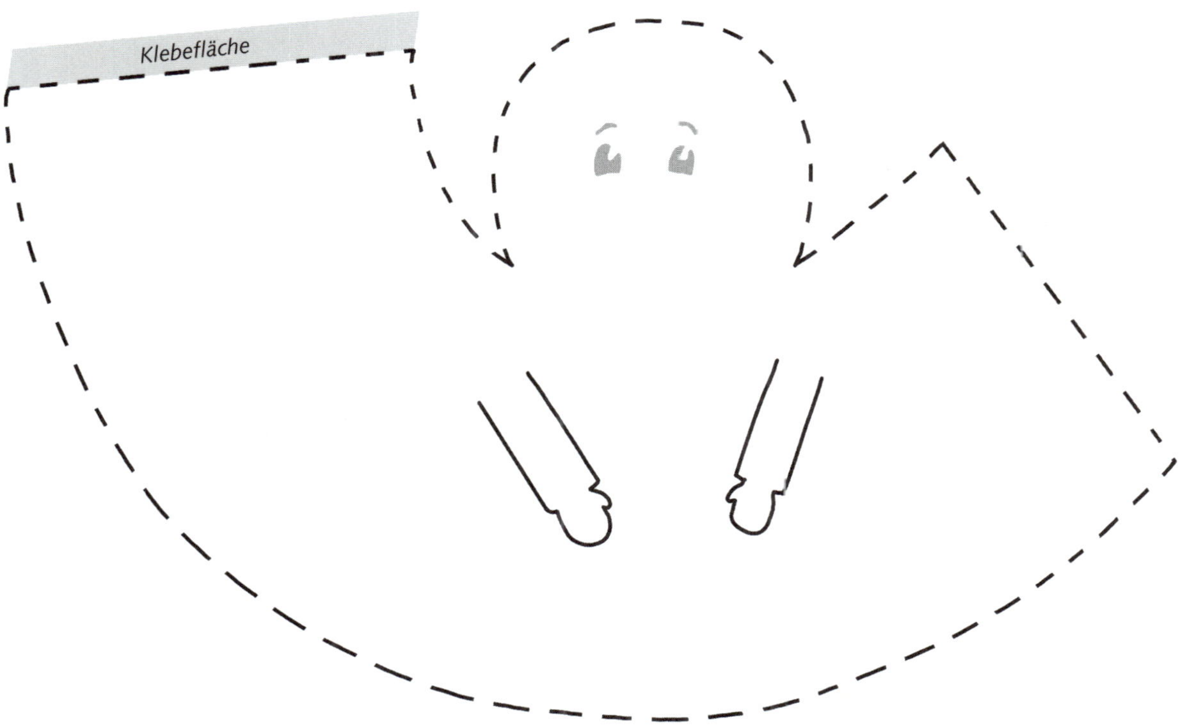

Der Flaschengeist

Eine Flasche treibt im weiten Meer
auf den Wellen hin und her.
Schließlich landet sie am Strand
in feinem weichen, warmen Sand.

Ein kleiner Junge öffnet sie alsbald.
Heraus drängt eine Fantasiegestalt.
„Ich bin der Geist Tamirokai.
Mein Kind, du hast drei Wünsche frei!“

Das Musikstück

Tonart: A-Moll, Taktart: Vierviertel, Tempo: 80 bpm
Das Stück untermalt musikalisch den Weg der Flasche und das Erscheinen des Geistes. In steigenden und fallenden Wellenbewegungen lässt es den Zuhörer in die Welt des Meeres eintauchen.

Bewegungsidee I

Material: (Tracks **13** + **59**), Yoga-, Iso- oder Turnmatten
Vorbereitung: Jedes Kind hat eine eigene Matte.
Ausgangsposition: Die Kinder sitzen auf den Matten. Die Füße sind aufgestellt und die Hände umfassen die Knie.

Eine Flasche treibt im weiten Meer *auf den Wellen hin und her.* *Schließlich landet sie am Strand* *in feinem weichen, warmen Sand.*	Rückenschaukeln (über den Rücken auf- und abschaukeln). Lang auf dem Boden ausstrecken. „Schneeengel ausführen".
Ein kleiner Junge öffnet sie alsbald. *Heraus drängt eine Fantasiegestalt.*	Mit Schwung zum Sitzen kommen. Langsam aufstehen und Wellenarmbewegungen ausführen.
„Ich bin der Geist Tamirokai.	Hände in die Hüften einstützen und Füße schließen.
Mein Kind, du hast drei Wünsche frei."	Sich um die eigene Achse drehen und am Ende mit drei Fingern die Zahl „3" zeigen.

So geht's: Üben Sie den Bewegungsablauf zunächst ohne Musik. Sobald sich die Kinder sicher sind, nehmen Sie die Musik (Track **13**) hinzu, diese beinhaltet auch den Text. Nach einigen Wiederholungen können Sie zur Instrumentalversion Track **59** übergehen.

Tipp: Den Kindern bereitet es meist große Freude, wenn sie sich tatsächlich am Ende etwas wünschen dürfen, z. B. eine Musik von der CD, zu der sie dann frei tanzen dürfen.

Bewegungsidee 2

Material: (Track **13**), ggfs. ein kleines Stück Krepp-Klebeband
Vorbereitung: Kennzeichnen Sie die Raummitte mit einem kleinen Klebepunkt.
Ausgangsposition: Die Kinder stehen frei verteilt im Raum.

Eine Flasche treibt im weiten Meer	Gewicht von einem Bein auf das andere verlagern. Arme in Schulterhöhe lang ausstrecken.
auf den Wellen hin und her.	Füße schließen, Arme über den Kopf strecken.
Schließlich landet sie am Strand in feinem weichen, warmen Sand.	Mit den Händen über den Bauch und bis hin zu den Füßen streichen. Mit dem Oberkörper tief gehen, Beine bleiben dabei gestreckt.
Ein kleiner Junge öffnet sie alsbald.	Oberkörper aufrollen.
Heraus drängt eine Fantasiegestalt.	Freie Armbewegungen ausführen.
„Ich bin der Geist Tamirokai.	Stehen bleiben und Hände in den Hüften einstützen.
Mein Kind, du hast drei Wünsche frei.“	Die Kinder treffen sich in der Raummitte* und zeigen mit den Fingern die Zahl „3“.

So geht's: Üben Sie die Bewegungsabfolge einige Male ohne Musik. Anschließend starten Sie Track xxx.

Bewegungsidee 3 (Massage-Spiel)

Material: (Track **59**), evtl. Igel-Bälle
Vorbereitung: /
Ausgangsposition: Die Kinder sitzen mit gegrätschten Beinen hintereinander in einem engen Kreis, sodass jedes Kind den Rücken des Kindes vor sich massieren kann.

So geht's: Zu Track **59** massieren die Kinder den Rücken des Vordermanns. Dabei können sowohl verschiedene Massageimpulse als auch unterschiedliche Berührungen ausgeführt werden, z. B.:

- mit den Handflächen über den Rücken streicheln.
- mit den Fäusten leicht über den Rücken klopfen.
- mit den Handkanten vorsichtig über den Rücken klopfen.
- mit einzelnen Fingern auf den Rücken tippen.

Tipp: Es gibt Kinder, die nicht gern von anderen berührt werden oder mit ihren eigenen Händen berühren. Alternativ kann hier ein Igel-Ball angeboten werden. Dieser kann in verschiedenen Richtungen über den Rücken gerollt werden. Manchen Kindern fällt es leichter, wenn sie ein Material anfassen und somit keinen direkten Körperkontakt haben.

Bewegungsidee 4 (Fantasiereise)

Material: (Track **59**), Matten, Decken
Vorbereitung: /
Ausgangsposition: Die Kinder liegen auf den Matten oder Decken im Raum verteilt.

So geht's: Erzählen Sie möglichst frei die Geschichte des Verses zur Musik von Track **59**, während die Kinder entspannen, vielleicht dabei die Augen schließen, träumen und der Geschichte lauschen. Auch Kinder lieben solche Momente der Ruhe.

Kreativtipp

Gläsergeister

Material: kleine Gläser (hierfür eignen sich Babynahrungs- oder Marmeladengläser, diese können verschiedene Größen und Formen haben), Mullbinden, Wackelaugen (Bastelbedarf), eine Heißklebepistole, Teelichter oder LED-Lichter in verschiedenen Farben

So geht's: Jedes Kind umwickelt sein Glas vollständig mit einer Mullbinde. Sie befestigen deren Ende mithilfe einer Heißkleberpistole. Es ist empfehlenswert, auch den Anfang der Binde mit etwas Kleber am Glas zu befestigen, sodass sie nicht mehr herunterrutschen kann. Nun werden die beiden Wackelaugen aufgeklebt – fertig ist der kleine Geist. Wer mag, kann seinem Geist mit einem Filzstift noch einen Mund aufmalen.

Tipp: Die kleinen Geister leuchten besonders hübsch, wenn in das Glas ein Teelicht gestellt wird. Kommen elektrische LED-Lichter zum Einsatz, so kann jedes in einer anderen Farbe leuchten.

Im Morgenland

Im Land von Tausendundeiner Nacht
werden Märchen aus Träumen gemacht.

Man kann dort auf Teppichen liegen
und mit ihnen durch die Lüfte fliegen

Schlangen werden mit Melodien beschworen,
sie tanzen zur Flöte, dabei haben sie gar keine Ohren.

Reibt man eine Wunderlampe mit der Hand,
erscheint ein Geist, er wird „Dschinn“ genannt.

Prinzessinnen sind dort schön wie die Nacht,
denn Träume werden aus Märchen gemacht.

Das Musikstück

Das Stück erklingt in den für den Orient typischen, aber für unser westliches Ohr eher ungewöhnlichen, Akkordverbindungen und Melodiebögen. Durch die Instrumentierung wird das Morgenland in kleinen, verschieden arrangierten Stücken lebendig.

Bewegungsidee I

Material: (Tracks **14–23**), Glöckchen, ein Korb oder eine Kiste
Vorbereitung: Jedes Kind bekommt zwei Glöckchen. Die Erzieherin stellt den Korb in einer Ecke des Raumes bereit, damit nach dem 4. Vers die Glöckchen aufgeräumt werden können.
Ausgangsposition: Die Kinder stehen frei verteilt im Raum, in jeder Hand haben sie je ein Glöckchen.

Im Land von Tausendundeiner Nacht werden Märchen aus Träumen gemacht.	Tracks **14** + **15**: Freies Tanzen mit den Glöckchen durch den Raum.
Man kann dort auf Teppichen liegen und mit ihnen durch die Lüfte fliegen	Tracks **16** + **17**: Alle Kinder sitzen hintereinander in der Grätsche, Oberkörper nach vorn und nach hinten beugen.
Schlangen werden mit Melodien beschworen, sie tanzen zur Flöte, dabei haben sie gar keine Ohren.	Tracks **18** + **19**: Sich als Schlangen durch den Raum bewegen, die Handflächen zusammenlegen, Arme in Schlangenbewegungen durch die Luft führen.
Reibt man eine Wunderlampe mit der Hand, erscheint ein Geist, er wird „Dschinn" genannt.	Tracks **20** + **21**: In einem Kreis aufstellen. Während des ersten, schnellen Teils der Musik auf der Kreisbahn rechts herum gehen. Wenn die Musik langsamer wird, am Platz als „Geist" tanzen.
Prinzessinnen sind dort schön wie die Nacht, denn Träume werden aus Märchen gemacht.	Tracks **22** + **23**: Als Prinzessin frei durch den Raum tanzen.

So geht's: Zuerst wird der jeweilige Vers gesprochen, dann wird die dazugehörige Bewegung ausgeführt. Am Ende des 4. Verses werden alle Glöckchen in den Korb gelegt, den Sie dafür bereithalten.

Bewegungsidee 2

Material: (Tracks **14+15** und Tracks **22+23**)
Vorbereitung: /
Ausgangsposition: Die Kinder stellen sich reihenweise hintereinander auf. Dabei stehen sie leicht versetzt.

So geht's: Arme und Beine zur gleichen Zeit zu bewegen, stellt für Kindergartenkinder in der Regel eine kleine bis größere Herausforderung dar. Daher empfiehlt es sich, zwischendurch immer mal wieder kleinere Koordinationsübungen einzuflechten.

Tracks **14+15**:

1. Rechten Fuß nach vorn setzen, Gewicht nach vorn verlagern, dabei die Arme lang und parallel zum Boden nach vorn bringen.
2. Gewicht zurück auf den linken Fuß verlagern, rechten Fuß zurücksetzen, Arme über beide Seiten weit öffnen.

3./4. Auf beiden Füßen um 45° drehen, die Arme hängen wieder lang am Körper herunter.

Track **22+23**:

1. Rechtes Bein gebeugt anheben, dabei beide Arme nach unten neben den Körper strecken.
2. Rechtes Bein absenken, dabei beide Arme über den Kopf strecken.
3. Linkes Bein gebeugt anheben, dabei beide Arme auf die Seite strecken.
4. Linkes Bein absenken, dabei beide Arme nach unten neben den Körper strecken.

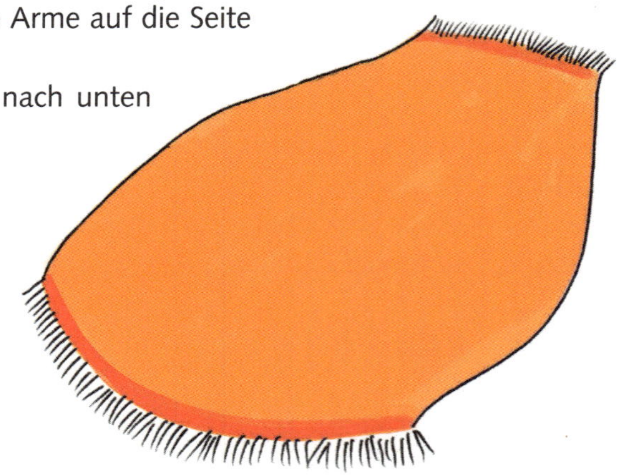

Rezeptidee

Der Geschmack des Orients

Bringen Sie den Orient mit einem Mango-Lassi in Ihren Kindergarten. Dies ist ein erfrischendes und gesundes Getränk, dessen einzelne Zutaten nicht besonders außergewöhnlich sind. Lediglich die Zusammenstellung wird den meisten Kindern unbekannt sein. Die Menge des Rezepts reicht in der Regel zum Probieren für eine Gruppengröße von 25 Kindern aus.

So geht's: Pürieren Sie das Fruchtfleisch von 3 Mangos mit 600 ml Buttermilch und ein wenig zerstoßenem Eis. Rühren Sie anschließend 1,5 kg fettarmen Joghurt unter und würzen Sie das Lassi mit 12 TL Kokosmilch, 6 TL flüssigem Honig und 3 TL Limettensaft.
Anschließend schmecken Sie das Getränk ab und fügen nach Ihrem individuellen Geschmack noch etwas Süße oder Säure hinzu.

Im Regenbogenland

Weit hinter dem Horizont,
fernab von jeder Wetterfront
liegt ein geheimnisvolles Land,
das ist niemandem bekannt.
Kein Mensch, kein Tier war jemals dort,
denn es ist ein Zauberort.

Es ist ein Ort voll Energie,
gefüllt mit magischer Magie.
Wünsche werden dort in Erfüllung gebracht
und Träume werden wahr gemacht.

Über dieses wunderbare Land
wird manchmal ein Regenbogen gespannt.
Die bunten Farben lässt der Himmel entstehn,
weil Menschen nur glauben, was sie sehn.
So sorgt er dafür, dass unterdessen
die Menschen das Träumen nicht vergessen.

Das Musikstück

Tonart: G-Dur, Taktart: Vierviertel, Tempo: 94 bpm
Das heitere Pop-Arrangement, bestehend aus Schlagzeug, Rhythmusgitarre, melodieführender Gitarre und Klavier, lässt ein buntes, farbenfrohes Regenbogenland lebendig werden.

Bewegungsidee I

Material: (Tracks **24–29**), Krepp-Klebeband, Schwungtuch, für jedes Kind einen aufgeblasenen Luftballon und ein Chiffontuch (alternativ: Kreppbänder)
Vorbereitung: 3 gleich große Gruppen bilden: 1. Gruppe Schwungtuch-Kinder, 2. Gruppe Luftballon-Kinder, 3. Gruppe Regenbogen-Kinder. Mit Krepp-Klebeband großen Kreis auf Boden markieren.
Ausgangsposition: Die Schwungtuch-Kinder halten das Schwungtuch in Bauchhöhe fest. Die Luftballon-Kinder und die Regenbogen-Kinder gehen mit ihrem Material unter das Schwungtuch und machen sich ganz klein.

Weit hinter dem Horizont,
fernab von jeder Wetterfront
liegt ein geheimnisvolles Land,
das ist niemandem bekannt.
Kein Mensch, kein Tier war jemals dort,
denn es ist ein Zauberort.

Tracks **24+25**: Die Schwungtuch-Kinder bewegen das Tuch mit langsamen Bewegungen auf und ab. Die anderen Kinder bleiben ruhig darunter sitzen. Am Ende der Musik halten die Schwungtuch-Kinder das Tuch wieder in Bauchhöhe.

Es ist ein Ort voll Energie,
gefüllt mit magischer Magie.
Wünsche werden dort in Erfüllung gebracht
und Träume werden wahr gemacht.

Tracks **26+27**: Die Luftballon-Kinder kommen unter dem Schwungtuch hervor und tanzen frei im Raum, die Tuchkinder gehen auf der Kreisbahn. Am Ende der Musik kommen die Luftballons auf das Tuch und alle stehenden Kinder halten es fest.

Über dieses wunderbare Land
wird manchmal ein Regenbogen gespannt.
Die bunten Farben lässt der Himmel entstehn,
weil Menschen nur glauben, was sie sehn.
So sorgt er dafür, dass unterdessen
die Menschen das Träumen nicht vergessen.

Tracks **28+29**: Die Regenbogen-Kinder kommen unter dem Schwungtuch hervor und tanzen frei im Raum, die anderen bewegen sachte das Tuch. Am Ende der Musik werfen die Regenbogen-Kinder die Tücher in die Luft, gleichzeitig werden die Luftballons mit einem großen Schwung nach oben geworfen und alle Kinder enden in der Hocke.

So geht's: Zum Einüben wird jeweils zuerst der Track mit dem gesprochenen Vers angehört. In dieser Zeit verharren die Kinder in ihrer Position. Danach wird der dazugehörige Musiktrack eingespielt und die Kinder führen die beschrieben Bewegungen zur Musik aus. Bei den Tracks **65–67** handelt es ich um die reinen Instrumentalstücke zu den Versen.

Bewegungsidee 2

Material: (Track **66**), Chiffontücher in fünf Regenbogenfarben (alternativ können Kreppbänder verwendet werden), z. B. bei 15 Kindern werden je drei rote, gelbe, blaue, grüne und lila Tücher benötigt; Triangel für Sie als Signal.
Vorbereitung: Die Kinder werden in fünf gleich große Gruppen aufgeteilt.
Ausgangsposition: Die Kinder stehen frei verteilt im Raum. Jedes Kind hat ein Chiffontuch in der Hand.

So geht's: Zu Track **66** tanzen die Kinder mit ihren Tücher frei im Raum. Auf ein akustisches Triangel-Signal rufen Sie eine Farbe. Diese Kinder legen ihre Tücher in der Raummitte ab und bilden so den Anfang eines Regenbogens. Die Kinder ohne Tuch setzen sich auf den Boden neben den entstehenden Tuchregenbogen. Das Tanzspiel geht so lange weiter, bis ein wunderschöner Regenbogen auf dem Boden liegt.

Bewegungsidee 3

Material: (Track **67**), Papier in DIN A0 oder eine Zeitungsabrissrolle (diese kann sehr günstig in Zeitungsdruckereien gekauft werden), Wachsmalstifte oder Wachsmalblöcke in Regenbogenfarben
Vorbereitung: Das Papier in der Raummitte platzieren. Jedes Kind sucht sich einen Wachsmalstift oder Wachsmalblock aus.
Ausgangsposition: Die Kinder stehen frei verteilt im Raum. Jedes Kind hat seinen Stift in der Hand.

So geht's: Während Track **67** spielt, tanzen die Kinder mit ihren Stiften frei im Raum um das Papier herum. Bei Musikstopp bleiben alle Kinder stehen und Sie rufen eine Farbe. Diese Kinder gehen zum Papier und malen mit einem Schwung einen Teil des Regenbogens.
Dieses Spiel wird so lange fortgeführt, bis ein oder auch mehrere Regenbögen entstanden sind.

Bewegungsidee 4

Ein Regenbogen kann entstehen, wenn die Sonne scheint und es gleichzeitig regnet.

Material (Instrumente): Klangschale, Rainmaker
Vorbereitung: Alle Kinder sitzen in einem Halbkreis in der Hocke.

So geht's: Zuerst wird die die Klangschale angeschlagen, dann erklingt der Rainmaker. Dieser wird langsam gespielt. Sie positionieren sich so, dass die Kinder ihn mit der Klangschale gemeinsam hören. Nacheinander stehen die Kinder nun auf, reichen sich die Hände und heben die Arme in die Luft. Als „Regenbogen" bleiben sie solange stehen, wie „Sonne" und „Regen" gemeinsam erklingen. Erlöscht einer der beiden Klänge, kehren die Kinder in die Hocke zurück.

Rezeptidee

Regenbogenspieße

Zutaten: Obst in verschiedenen Farben, z. B. Ananas (gelb), Galia-Melone (orange), Erdbeeren, Kirschen oder kernarme Wassermelone (rot), kernlose, grüne Trauben oder Kiwi (grün), Heidelbeeren oder blaue Trauben (violett), Holzspieße, Messer*

So geht's: Schneiden Sie gemeinsam mit den Kindern das Obst in kleine Stücke und spießen Sie die Stücke anschließend auf kurze Holzspieße. Richten Sie diese in einem Halbkreis in der Abfolge der Farben des Regenbogens auf einer Platte oder einem Teller an.

* Lassen Sie Kinder niemals unbeaufsichtigt mit einem Messer schneiden. Für Kinderhände am besten geeignet sind Messer mit abgerundeter Spitze und einem Antirutschgriff.

Kleine Nachtgespenster

Viele kleine Nachtgespenster
schweben nachts durch Burgturmfenster.
Sie fliegen durch die klare Luft
und kreisen um die Geistergruft.
Sie spuken hinter Ginsterhecken,
verstecken sich in allen Ecken.
Doch schlägt's vom Turm her laut ein Uhr,
da fragt man sich: „Wo sind die
Nachtgespenster nur?“

Das Musikstück

Tonart: C-Moll, Taktart: Vierviertel, Tempo: 70 bpm
Streicher, Flöten und Oboen nehmen den Zuhörer mit in die Welt der Geister und Gespenster. Durch das Cello und die hohen Violinen wirkt das Arrangement geheimnisvoll und ein klein wenig unheimlich. Geräusche und Soundeffekte greifen Textzeilen auf und sind im Arrangement eingebunden.

Bewegungsidee I

Material: (Tracks **30** + **68**), Krepp-Klebeband
Vorbereitung: Kreis mit Krepp-Klebeband in der Mitte des Raumes markieren.
Ausgangsposition: Die Kinder stehen im Kreis. Die Hände sind in den Hüften eingestützt.

Viele kleine Nachtgespenster *schweben nachts durch Burgturmfenster.*	Die Arme auf und ab bewegen. Mit den Händen ein Fenster darstellen.
(Instrumentalteil)	Auf der Kreisbahn rechts herum „fliegen".
Sie fliegen durch die klare Luft *und kreisen um die Geistergruft.*	Die Arme auf und ab bewegen. Sich einmal um die eigene Achse drehen.
(Instrumentalteil)	Auf der Kreisbahn links herum „fliegen".
Sie spuken hinter Ginsterhecken, *verstecken sich in allen Ecken.*	4 Schritte in die Kreismitte hineingehen. 4 Schritte aus der Kreismitte herausgehen.
(Instrumentalteil)	Auf der Kreisbahn rechts herum „fliegen".
Doch schlägt's vom Turm her laut ein Uhr, *da fragt man sich: „Wo sind die* *Nachtgespenster nur?"*	Bei „ein" einmal in die Hände klatschen. „Fragende Hände": Arme anwinkeln, die Handflächen zeigen nach oben.
(Instrumentalteil)	Auf der Kreisbahn links herum „fliegen".

So geht's: Üben Sie den Bewegungsablauf zuerst ohne Musik. Sobald die Kinder sicher sind, lassen Sie Musik dazu laufen. Track **30** enthält die Musik mit dem gesprochenen Text. Nach einigen Wiederholungen können Sie auch die reine Instrumentalversion nehmen (Track **68**).

Bewegungsidee 2

Material: (Track **30**), Chiffontücher (optimal sind weiße oder graue Tücher)
Vorbereitung: Jedes Kind bekommt ein Tuch.
Ausgangsposition: Die Kinder stehen frei verteilt im Raum.

So geht's: Während der Text gesprochen wird, drehen sich die Kinder um die eigene Achse. Beim Instrumentalteil fliegen sie durch den Raum und schwingen die Tücher.

Bewegungsidee 3

Material: (Track **30** oder **68**)
Vorbereitung: Die Kinder werden in zwei gleich große Gruppen eingeteilt.
Ausgangsposition: Die Kinder stehen sich in einem Innenkreis und einem Außenkreis gegenüber. Die Hände der jeweiligen Kreiskinder sind gefasst.

Viele kleine Nachtgespenster schweben nachts durch Burgturmfenster.	Alle Kinder gehen im Kreis nach links, sodass sich Außen- und Innenkreis in entgegengesetzter Richtung drehen.
(Instrumentalteil)	Zu Beginn reichen sich die im Innen- und Außenkreis gegenüberstehenden Kinder die Hände und drehen sich um die eigene Achse. Am Ende lösen sie sich wieder in zwei Kreise auf.
Sie fliegen durch die klare Luft und kreisen um die Geistergruft.	s. o.
(Instrumentalteil)	Je zwei Kinder aus dem Innen- und Außenkreis reichen sich die Hände, eines geht in die Hocke, das andere auf den Zehenballen, dann wechseln sie (Wechselschaukel). Alle Kinder enden in der Hocke.
Sie spuken hinter Ginsterhecken, verstecken sich in allen Ecken.	s. o.
(Instrumentalteil)	Zu Beginn reichen sich die gegenüberstehenden Kinder die Hände und drehen sich gemeinsam um die eigene Achse.
Doch schlägt's vom Turm her laut ein Uhr, da fragt man sich: „Wo sind die Nachtgespenster nur?"	Stehen bleiben und die Hände lauschend hinter die Ohren nehmen.
(Instrumentalteil)	Alle Kinder fliegen frei durch den Raum und enden in verschiedenen Raumecken.

So geht's: Üben Sie mit den Kindern zuvor das Drehen zu zweit und die Wechselschaukel. Wenn die Kinder noch nie in einem Innen- und Außenkreis getanzt haben, dann üben Sie diese Tanzform zuerst auch ohne Musik. Bei Track **30** ist der Text zur Musik eingesprochen, Track **68** ist die Instrumentalversion.

Kreativtipp

Geister enthuschen in die Nacht

Material: ein großes Blatt Papier (mindestens DIN A3, besser DIN A2), ein etwas kleineres Blatt Papier, ein dicker schwarzer Filzstift, mindestens einen LED-Pointer, für kleinere Kinder (<4 Jahre) eine Taschenlampe mit Drückfunktion, Heftzwecken oder Klebeband
Vorbereitung: Malen Sie auf das große Blatt Papier ein Burgturmfenster und auf das kleinere Blatt den Umriss eines Schlüssellochs, das nur halb so groß wie das Fenster ist. Heften Sie beide Papiere an eine Wand oder alternativ mit einem Stück Klebeband an eine aufgestellte Weichbodenmatte im Bewegungsraum.

So geht's: Jedes Kind darf nun mit dem ausgeschalteten Pointer bzw. der Taschenlampe auf das Burgturmfenster zielen. Glaubt es, das Fenster mit dem Lichtkegel zu treffen, darf es den Drückknopf betätigen. Scheint der Lichtkegel durch das Fenster, darf das Kind in der nächsten Nacht versuchen, durch das kleinere Schlüsselloch zu fliegen.

Tipp: Je weiter die Kinder von dem Bild entfernt stehen, desto schwieriger ist es, die Öffnung zu treffen.

Mein Luftballon

Ich habe einen Luftballon,
er fliegt in den Himmel davon.
Er tanzt mit dem Wind,
mal langsam, mal geschwind.
Still und leise schwebt er dort oben,
doch ist er plötzlich von Wolken umwoben.
Oh je – was mache ich jetzt nur?
Aah – ich zieh einfach an seiner Schnur!
So kommt mein Luftballon zu mir zurück –
was hab' ich doch für ein
Riesenglück!

Das Musikstück

Tonart: A-Moll, Taktart: Vierviertel, Tempo: 100 bpm
Das Klavier erzählt die Geschichte des Luftballons. Schwebt er nach oben, folgen ihm die Akkorde. Ist er von Wolken umwoben, unterstreichen dies Moll-Akkorde.

Bewegungsidee I

Material: (Tracks **31** + **69**)
Vorbereitung: /
Ausgangsposition: Die Kinder stehen frei verteilt im Raum.

Ich habe einen Luftballon,	Arme über den Kopf in eine runde Position nehmen.
er fliegt in den Himmel davon.	Oberkörper hin und her bewegen, Arme bleiben über dem Kopf.
Er tanzt mit dem Wind,	Frei durch den Raum bewegen, Arme bleiben immer in einer runden Position.
mal langsam,	Langsame Bewegungen ausführen.
mal geschwind.	Schnelle Bewegungen ausführen.
Still und leise schwebt er dort oben,	Zehenballengang, Hände sind eingestützt.
doch ist er plötzlich von Wolken umwoben.	Sich um die eigene Achse drehen, Arme sind auf Schulterhöhe ausgebreitet.
Oh je – was mache ich jetzt nur?	Stehen bleiben, fragende Hände.
Aah – ich zieh einfach an seiner Schnur!	Imaginär an einem Seil ziehen.
So kommt mein Luftballon zu mir zurück,	Arme über den Kopf führen, runde Armbewegung.
was hab' ich doch für ein Riesenglück.	Freies Tanzen durch den Raum.

So geht's: Üben Sie die Bewegungen zuerst ohne Musik, dann mit Musik zu Track **31** und dann zur Instrumentalversion Track **69**.

Bewegungsidee 2

Material: (Track **69**), Luftballons
Vorbereitung: Jedes Kind sucht sich einen Luftballon aus.
Ausgangsposition: Die Kinder stehen frei verteilt im Raum. Jedes Kind hält seinen Luftballon fest zwischen den Händen.

So geht's: Bieten Sie den Kindern verschiedene Möglichkeiten des Spielens mit einem Luftballon zu Track **69** an.

Allein:

- … durch den Raum gehen und den Luftballon dabei auf dem Handrücken balancieren. Wer schafft das am längsten?
- … den Luftballon hochwerfen und sich dann einmal um die eigene Achse drehen. Wem gelingt es, den Luftballon wieder rechtzeitig zu fangen, bevor er auf dem Boden landet?
- … den Luftballon hochwerfen, ohne ihn zu verlieren. Wieviel Kraft benötigt man dafür?

Zu zweit:

- … einen Luftballon zwischen den beiden Köpfen (jeweils mit der Stirn) einklemmen. Welches Paar schafft es, bis an die gegenüberliegende Wand zu kommen, ohne den Luftballon zu verlieren?
- … einen Luftballon in Brusthöhe zwischen sich einklemmen. Welches Paar schafft es, sich zu drehen, ohne den Luftballon zu verlieren?
- Welches Paar schafft es, zwei Ballons zwischen sich einzuklemmen und sich damit zu drehen?

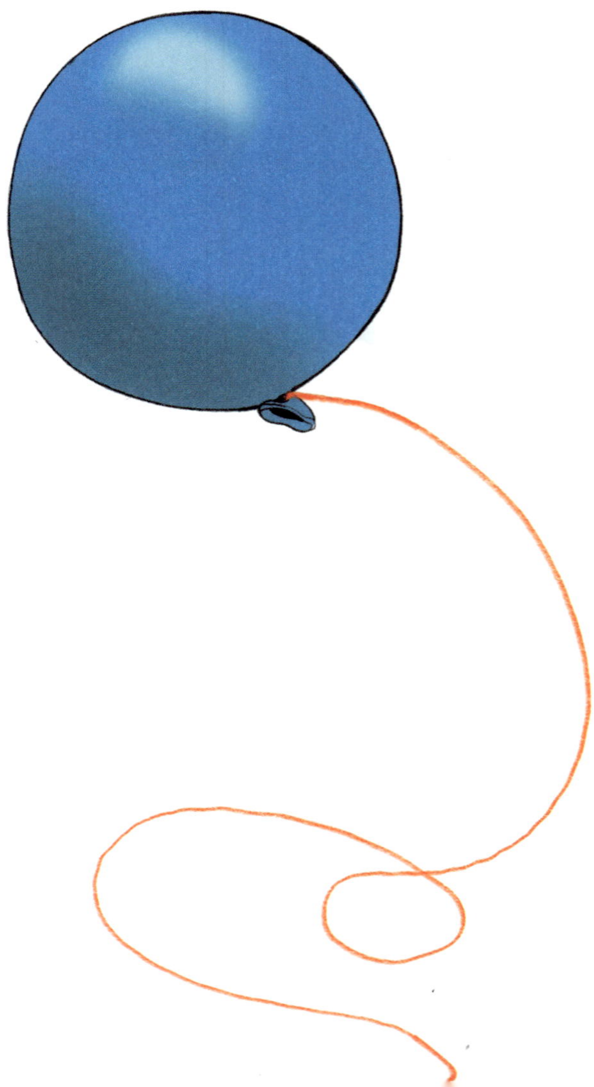

Experiment

Luftballon-Rakete

Material: eine lange Schnur, z. B. Paket- oder Nylonschnur, 1 Strohhalm, 1 Luftballon, Klebeband
Vorbereitung: Ein Schnurende wird durch den Strohhalm gezogen. Dann wird die Schnur straff durch den Raum gespannt. Der Strohhalm befindet sich immer noch an einem Schnurende.

So geht's: Dann wird der Luftballon aufgeblasen, aber nicht verknotet. Das Mundstück muss gut mit den Fingern zugehalten werden, damit keine Luft entweichen kann. Nun wird der Ballon unten an den Strohhalm gehalten und von oben mit einem langen Klebebandstreifen befestigt. Jetzt wird das Endstück des Luftballons losgelassen. Angetrieben durch den Rückstoß der entweichenden Luft, rast der Ballon an dem Seil durch den Raum.

Kreativtipp

Zauberballon

Material: klare, durchsichtige Luftballons, buntes Papier oder Glanzkonfetti, Trichter
Vorbereitung: Die Kinder zerreißen buntes Papier in sehr kleine Schnipsel (alternativ oder zusätzlich Glanzkonfetti) und füllen diese mit Hilfe des Trichters in den Ballon, der am Ende aufgeblasen wird. Je glitzernder die Füllung ist, desto zauberhafter wirkt der Ballon.

So geht's: Der bunt gefüllte Zauberballon kann z. B. im Stuhlkreis eingesetzt werden. Zu einem Lied wird der Ballon von Kind zu Kind gegeben. Das Kind, das den Ballon am Ende in Händen hält, darf das nächste Lied aussuchen oder die Bewegung der nächsten Strophe bestimmen.

Flummis

Flummis gibt's in vielen Farben,
Größen, Sorten, tausend Arten.

Doch jeder einz'lne Flummi
ist auf jeden Fall aus Gummi.

Sie springen hoch, quer, vor, zurück,
denn Springen ist ihr größtes Glück.

Natürlich können sie auch rollen,
sich unter Stühlen und Schränken tollen.

Manchmal liegen sie in Hosentaschen rum,
doch das wird Flummis schnell zu dumm.

Sie wollen springen: hoch, quer, vor, zurück,
denn das ist ihr allergrößtes Glück.

Das Musikstück

Sechs unterschiedliche Ministücke in verschiedenen Tempi und Arrangements machen mit treibender Basstrommel und speziellen Soundeffekten das Hüpfen und Abprallen des Flummis deutlich hörbar.

Bewegungsidee I

Das Spielen mit Flummis macht Kindern in der Regel viel Spaß. Hierfür ist besonders der große, leere Bewegungsraum geeignet. Allerdings sollten nie mehr als zwei oder drei Flummis gleichzeitig im Einsatz sein, da ansonsten die Stolpergefahr für die Kinder zu groß ist. Eine besondere Erfahrung für die Kleinen sind sogenannte „Flummi-Eier“. Durch ihre ovale Form ist ihr Sprungverhalten unvorhersehbar und führt dadurch zu besonderem Spaß.

Material: (Tracks **32–43**)
Vorbereitung: /
Ausgangsposition: Die Kinder stehen frei verteilt im Raum.

Flummis gibt's in vielen Farben, Größen, Sorten, tausend Arten.	Tracks **32** + **33**: Jedes Kind springt mit verschiedenen Variationen durch den Raum.
Doch jeder einz'lne Flummi ist auf jeden Fall aus Gummi.	Tracks **34** + **35**: Am Platz stehen, dabei die Gliedmaßen in alle Richtungen dehnen und strecken wie ein Flummi, der in einer Kiste liegt, sich aber nach allen Raumecken und -decken sehnt.
Sie springen hoch, quer, vor, zurück, denn Springen ist ihr größtes Glück.	Tracks **36** + **37**: 4 Sprünge mit geschlossenen Beinen vorwärts, 4 Sprünge mit geschlossenen Füßen rückwärts, 8 Sprünge mit geschlossenen Beinen im Kreis.
Natürlich können sie auch rollen, sich unter Stühlen und Schränken tollen.	Tracks **38** + **39**: Sich auf den Boden legen und rollen, dabei sind die Arme lang über den Kopf gestreckt.
Manchmal liegen sie in Hosentaschen rum, doch das wird Flummis schnell zu dumm.	Tracks **40** + **41**: Jedes Kind liegt, wie es möchte, auf dem Boden (auf dem Rücken oder Bauch, im Stern, wie ein Schneeengel, …) Nach einer selbstbestimmten Zeit springen die Kinder in die Luft und legen sich wieder auf den Boden.
Sie wollen springen: hoch, quer, vor, zurück, denn das ist ihr allergrößtes Glück.	Tracks **42** + **43**: Jedes Kind kann durch den Raum springen, wie es möchte.

So geht's: Je zwei Zeilen haben ihre eigene Musik. Sprechen Sie daher zuerst immer zwei Verszeilen, und stellen Sie erst dann den dazugehörigen Track an. Die jeweiligen Bewegungen werden so lange ausgeführt, bis ein Track zu Ende ist.

Bewegungsidee 2

Material: (Tracks **70–75**), große Flummis, Gymnastikreifen, Krepp-Klebeband
Vorbereitung: Jedes Kind hat einen Flummi. Sie legen für jedes Kind einen Reifen auf den Boden im Raum. Mit Klebeband einen großen Kreis in der Raummitte markieren.
Ausgangsposition: Die Kinder stehen vor ihren Reifen mit ihrem Flummi in der Hand.

So geht's:
- Track **70** (1): Den Flummi in die Luft werfen und wieder auffangen.
- Track **71** (2): Den Flummi in den Reifen prellen und versuchen, wieder zu fangen.
- Track **72** (3): Den Flummi einsammeln und im Reifen mit einer Hand rollen.
- Track **73** (4): Den Flummi um die Schultern, Taille, Knie und Füße rollen.
- Track **74** (5): Immer zwei Kinder setzen sich in einem Abstand von ca. 4 m gegenüber in die Grätsche auf den Boden und rollen sich einen Flummi gegenseitig zu. Am Ende dieses Tracks werden Reifen und Flummis (bis auf 3) an die Seite geräumt.
- Track **75** (6): Alle Kinder sitzen in einem großen Kreis in der Raummitte auf dem Boden und rollen sich die drei Bälle kreuz und quer zu.

Bewegungsidee 3

Material: (Tracks **70–75**), Gymnastikbälle
Vorbereitung: Die Kinder bilden Paare; jedes Paar bekommt einen Ball.
Ausgangsposition: Die Kinder stehen sich paarweise (ca. 4 m Abstand) gegenüber im Raum verteilt.

So geht's:
- Track **70**: Den Ball zum Partner werfen, dabei einmal in der Mitte aufprellen lassen. Das andere Kind versucht, den Ball zu fangen.
- Track **71**: Den Ball mit dem Fuß vorsichtig zwischen den Partnern hin und her kicken.
- Track **72**: Den Ball hin und her werfen und fangen.
- Track **73**: Den Ball zwischen den beiden Bäuchen der Partner einklemmen und sich langsam im Kreis drehen, ohne dabei den Ball zu verlieren.
- Track **74**: Die Kinder setzen sich in einem Abstand von ca. 5 m gegenüber in die Grätsche auf den Boden und rollen sich den Ball gegenseitig zu.
- Track **75**: Die Kinder legen sich in Bauchlage mit dem Gesicht zueinander und rollen sich den Ball zu. Als Steigerung können sie sich, wenn sie den Ball weggerollt haben, einmal um die eigene Längsachse drehen.

Liedtipp

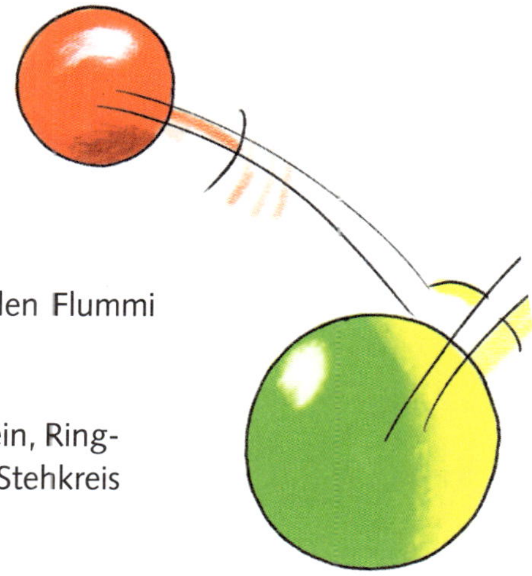

„Flummi, Flummi, du sollst wandern"

Material: Flummi
Vorbereitung: /
Ausgangsposition: Die Kinder sitzen im Kreis, eines hat den Flummi hinter dem Rücken in der Hand.

So geht's: Zur Melodie des altbekannten Kinderlieds „Ringlein, Ringlein, du sollst wandern" singen und spielen die Kinder im Stehkreis das Flummilied:

„Flummi, Flummi, du sollst wandern
von der einen Hand zur andern.
Oh wie schön, oh wie schön,
gleich werd'n wir den Flummi sehn."

Hinter ihrem Rücken geben die Kinder den Flummi während des Singens von Hand zu Hand weiter. Das Kind, das den Flummi am Ende des Liedes in Händen hält, darf ihn einem anderen Kind schenken. Von dort startet das Spiel erneut.
Mit Vorschulkindern kann der Flummi auch sanft geworfen werden. Dabei muss der Flummi einmal in der Kreismitte den Boden berühren. Wer absichtlich zu stark wirft, scheidet für eine Runde aus und wartet in der Kreismitte. Bevor das Kind den Flummi wirft, ruft es den Namen des Kindes, das den Flummi fangen darf.

M.: überliefert

Kauguuuuuuummi

Das Kaugummi liegt faul und stumm
in Staniolpapierchen verpackt herum.

Doch darf es raus, kommt es in Fahrt –
hat lange genug seine Form gewahrt.
Es lässt sich gehn, wird kugelrund,
hüpft munter von links nach rechts im Mund.
Von den Zähnen wird's stets gut gekaut,
Knatsch, blubb, peng hört man es ganz laut.

Du kaust es, bis es dir nicht mehr schmeckt,
dann spuckst du es aus und wirfst es
einfach weg.

Das Musikstück

Tonart: C-Dur, Taktart: Vierviertel, Tempo: 78 bpm
Die Melodie ist im Blues-Schema gehalten und ihr Arrangement versetzt den Hörer in die Welt des Kaugummis, das sich langsam in alle Richtungen zieht und dehnt und dabei doch ständig seine Form verändert.

Bewegungsidee I

Material: (Tracks **44**+**76**)
Vorbereitung: /
Ausgangsposition: Die Kinder liegen frei verteilt im Raum.

Das Kaugummi liegt faul und stumm *in Staniolpapierchen verpackt herum.*	Auf dem Rücken liegen. Die Arme vor dem Oberkörper kreuzen.
Doch darf es raus, kommt es in Fahrt – *hat lange genug seine Form gewahrt.* *Es lässt sich gehn, wird kugelrund,*	Nach oben in die Luft springen. Sich am Platz räkeln und strecken. Die Beine beugen, Oberkörper und Kopf auf die Oberschenkel ablegen.
hüpft munter von links nach rechts im Mund. *Von den Zähnen wird's stets gut gekaut,* *knatsch, blubb, peng hört man es ganz laut.*	Hin und her springen. Am Platz stampfen.
Das Kaugummi liegt faul und stumm *in Staniolpapierchen verpackt herum.*	In die Hände klatschen.
Doch darf es raus, kommt es in Fahrt – *hat lange genug seine Form gewahrt.* *Es lässt sich gehn, wird kugelrund,* *hüpft munter von links nach rechts im Mund.* *Von den Zähnen wird's stets gut gekaut,* *knatsch, blubb, peng hört man es ganz laut.*	s. o.
Du kaust es, bis es dir nicht mehr schmeckt, *dann spuckst du es aus und wirfst es einfach weg.*	Sich vorsichtig auf den Boden fallen lassen.
(Instrumentalteil)	Liegen bleiben.

So geht's: Üben Sie den Bewegungsverlauf zuerst ohne Musik. Sobald sich die Kinder sicher sind, lassen Sie die Musik dazu laufen (Track **76**).

Bewegungsidee 2

Material: (Track **76**), Hosengummistücke (ca. 1 Meter lang)
Vorbereitung: Die Kinder gehen paarweise zusammen, jedes Paar erhält ein Stück des Gummis.
Ausgangsposition: Die Kinder stehen paarweise frei verteilt im Raum. Jedes Kind hält ein Gummiende in der Hand. Die Paare stehen dicht voreinander.

So geht's: Die Kinder dürfen das Material zu Track **76** ausprobieren und anschließend beschreiben, was mit dem Gummi passiert und wie es sich im gespannten oder entspannten Zustand anfühlt. Hier einige Ideen, was man alles damit machen kann:

- Ein Kind bleibt stehen, während sich das andere von seinem Partnerkind entfernt.
- Beide Kinder gehen nach rückwärts auseinander und kommen wieder aufeinander zu.
- Ein Kind bleibt stehen, während das andere Partnerkind um es herumgeht.
- Ein Kind hält beide Gummienden in einer Hand, während das andere die Mitte des Gummis greift und dieses spannt.
- Beide Kinder stellen sich mittig auf das Gummi und ziehen das jeweilige Ende nach oben.

Tipp: Die meisten Kinder finden Gummis faszinieren und tanzen auch gern im großen Kreis damit. Hierfür können entweder mehrere kurze Gummis miteinander zu einem Kreis verknotet werden oder aber man nimmt ein entsprechend längeres Stück (ca. 5–8 Meter).
Im professionellen Materialbereich gibt es hierzu ein vielfältiges Angebot (z. B. „Tanzwurm"), das auch optisch ansprechend gestaltet ist. Um Spannung und Entspannung zu fühlen, stellen sich die Kinder im Kreis auf und gehen immer wieder zusammen und auseinander. Es ist erstaunlich, wie lange sie an dieser Bewegung Spaß haben können.

Mundmotorik

Sprechen gehört zu den komplexesten feinmotorischen Vorgängen im Körper. Allein für die gesprochene Sprache werden bis zu 100 verschiedene Muskeln bewegt und ihr Zusammenspiel mit diversen Organen koordiniert. Da ist es schnell verständlich, dass eine gute Mundmotorik zum Formen einzelner Laute unabdingbar ist. Eine spielerische Förderung derselben ist deshalb immer willkommen, doch nicht immer müssen es Sprechverse sein, die dabei zum Einsatz kommen. Auch viele Spiele mit unterschiedlichsten Materialien sind dafür geeignet, u. a. das so oft von Erwachsenen „ungeliebte" Kaugummi.

Allgemein wird davon ausgegangen, dass ein gesundes Kind ab ca. vier Jahren Kaugummi kauen kann. Natürlich sollte dabei nur ein zahnfreundliches, zuckerfreies Stück zum Einsatz kommen und die Zeit sollte auf fünf bis maximal zehn Minuten begrenzt sein. Hier noch eine weitere schnelle Spielidee zur Förderung der Mundmotorik:

Körpertrick

Die Zunge als Gabelstapler

Material: verschiedenes Obst, Messer
Vorbereitung: Obst zusammen mit den Kindern klein schneiden.
Ausgangsposition: Die Kinder stehen nebeneinander und strecken ihre Zunge aus dem Mund.

So geht's: Legen Sie auf die aus dem Mund gestreckte Zungenspitze jedes Kindes ein kleines Stückchen Obst (bitte ggf. Allergien beachten). Die Zunge fungiert nun als Gabelstapler und fährt das Obststück zuerst rückwärts in den Mund hinein, dann vorwärts wieder hinaus und bewegt sich noch Richtung Ohren, bevor es am Ende endgültig im Mund verschwindet.

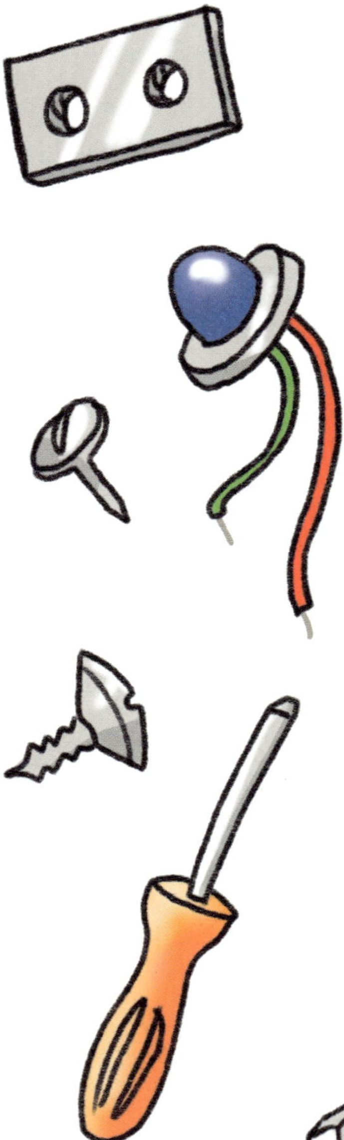

Robert Roboter

Robert Roboter robotert den ganzen Tag,
weil Robert Roboter robotern gerne mag.
Er ist von Kopf bis Fuß ganz aus Metall,
hat Knöpfe und Lichter überall.

Er ist auf Arbeit programmiert,
jede Tätigkeit ist nummeriert.
Er mäht den Rasen, kehrt das Laub,
putzt die Fenster, wischt den Staub.

Doch plötzlich, ach du Schreck, da stottert er.
Schnell! Ein Techniker muss her!
Alle Schrauben dreht er wieder fest,
dann macht er einen Durchlauftest.

Puh, alles klappt, Rob funktioniert
und wird auch gleich neu programmiert.
Drück ich die „10", so nimmt er meinen Dreck
und wirft dann alles direkt weg!

Alles? Nein, das nicht! Halt!
Das brauch' ich … äh … nicht mehr.

Bewegungsidee I

Material: (Track **45**)
Vorbereitung: /
Ausgangsposition: Die Kinder stehen frei verteilt im Raum.

Robert Roboter robotert den ganzen Tag, *weil Robert Roboter robotern gerne mag.*	Mit Roboterbewegungen durch den Raum gehen.
Er ist von Kopf	Stehen bleiben und mit beiden Händen den Kopf berühren.
bis Fuß	Mit beiden Händen die Füße berühren.
ganz aus Metall,	Mit beiden Händen von den Füßen über die Vorderseite der Beine bis zu den Hüften abklopfen.
hat Knöpfe	Mit der rechten Faust auf den Brustkorb klopfen, linke Hand ist eingestützt.
und Lichter überall.	Den rechten Arm anwinkeln und hin und her drehen.
Er ist auf Arbeit programmiert, *jede Tätigkeit ist nummeriert.*	Mit Roboterbewegungen durch den Raum gehen.
Er mäht den Rasen, kehrt das Laub,	Imaginär den Rasen mähen und Laub kehren.
putzt die Fenster, wischt den Staub.	Imaginär eine Putzbewegung ausführen. Eine Wischbewegung vor dem Körper ausführen.
Doch plötzlich, ach du Schreck, da stottert er. *Schnell! Ein Techniker muss her!*	Abgehackte Roboterbewegungen am Platz machen.
Alle Schrauben dreht er wieder fest,	Mit beiden Händen vor dem Körper eine Schraubbewegung ausführen.
dann macht er einen Durchlauftest.	Sehr schnelle Roboterbewegungen am Platz ausführen.
Puh, alles klappt, Rob funktioniert *und wird auch gleich neu programmiert.*	Mit Roboterbewegungen durch den Raum gehen.
Drück ich die „10", so nimmt er meinen Dreck	Stehen bleiben und zehn Finger zeigen.
und wirft dann alles direkt weg!	Mit beiden Händen Wegwerfbewegung ausführen.
Alles? Nein, das nicht! Halt! *Das brauch' ich … äh … nicht mehr*	

So geht's: Gehen Sie einige Male die Bewegungen zu dem Vers durch. Dann nehmen Sie die Musik von Track **45** dazu.

Das Musikstück

Tonart: Fis-Dur, Taktart: Vierviertel, Tempo: 120 bpm
Elektronische Sounds und Synthesizer untermalen die Welt der Roboter und elektronischen Maschinen.

Bewegungsidee 2

Material: (Track **77**)
Vorbereitung: /
Ausgangsposition: Die Kinder stehen verteilt im Raum.

So geht's: Abgehackte, ruckartige, schnelle und langsame Bewegungen mit den Kindern erarbeiten. Verwenden Sie Track **77** dazu, um typische Roboterbewegungen zu imitieren. Diese können z. B. sein:

Am Platz stehen bleiben und
- nur den Oberkörper und die Arme bewegen.
- nur einen Arm bewegen.
- nur den Kopf bewegen.
- nur ein Bein bewegen (dies ist eine ideale Gleichgewichtsschulung).

Durch den Raum gehen und
- die Beine dabei immer gestreckt lassen.
- Gehbewegung betont langsam und in ihren Sequenzen bewegen: erst das Bein anheben, den Unterschenkel nach vorn bringen, Fuß aufsetzen, Gewicht verlagern.
- die Beine und ein Arm bewegen.
- die Beine und beide Arme bewegen.
- sich am Platz um jeweils 45° drehen.

Tipp: Variieren Sie dabei auch das Tempo der Bewegungen im Rhythmus der Musik.

Kreisspiel

Ro Ro Roboter

Ro	Mit dem linken Fuß aufstampfen.
Ro	Mit dem rechten Fuß aufstampfen.
Roboter,	3-mal in die Hände klatschen.
Ro Ro Roboter	s. o.
winken überall.	Mit abgehakten Bewegungen winken.
Doch dann gibt's einen Stromausfall.	Mit der Stimme von oben nach unten gleiten, gleichzeitig den Körper schlaff nach unten hängen lassen.

Material: /
Vorbereitung: /
Ausgangsposition: Alle Kinder sitzen nebeneinander im Stuhlkreis.

So geht's: Variieren Sie in den folgenden Durchgängen die Bewegungen der Roboter. Diese können z. B. nicken, Hände reiben, Arme heben, aufstehen, sich umdrehen …
Wichtig ist, dass all diese Bewegungen nicht fließend, sondern in mehreren Einzelschritten (staccato) ausgeführt werden.

Yippiejeih

Im Land des wilden Westens
lebten Cowboys wirklich bestens.
Sie ritten auf dem Rücken der Pferde
und trieben die Rinderherde
durch die Weiten der Prärie.
Langweilig wurde das nie.
Am Abend saßen sie am Feuer,
ihr Leben war ein Abenteuer.
Sie schliefen unterm freien Himmelszelt,
das war ihre Welt.

Yippiejeih!

Das Musikstück

Tonart: C-Dur, Taktart: Vierviertel, Tempo: 120 bpm
Fidel, Klavier, Bass und Schlagzeug dominieren die Country- und Westernmusik und bringen den Kindern die Atmosphäre des Wilden Westens näher.

Bewegungsidee I

Material: (Tracks **46**+**47**), Rundholzstäbe von ca. 120 cm Länge, Krepp-Klebeband
Vorbereitung: Für jedes Kind (im Baummarkt) ein Rundholz besorgen. Raummitte mit einem Kreuz aus Kreppband markieren, das dient der Orientierung der Kinder.
Ausgangsposition: Die Kinder gehen paarweise zusammen und stellen sich gleichmäßig verteilt in den vier Raumecken auf. Die Hände der Kinderpaare sind nicht gefasst. Das Rundholz wird längs zwischen den Beinen durchgeführt, die Kinder halten das vordere Ende fest (Stockpferdchen).

Im Land des wilden Westens lebten Cowboys wirklich bestens.	Von den Ecken in die Raummitte galoppieren, dort einen Kreis bilden. Die Paare stehen nebeneinander. Wenn die Musik noch läuft, im Kreis weiter galoppieren.
Sie ritten auf dem Rücken der Pferde und trieben die Rinderherde	Den Stock mit einer Hand festhalten und in die andere Handfläche schlagen (verschiedene Rhythmen ausprobieren).
durch die Weiten der Prärie. Langweilig wurde das nie. Am Abend saßen sie am Feuer, ihr Leben war ein Abenteuer.	Den Stock senkrecht auf den Boden stellen und um den Stock herumgehen. In den Schneidersitz setzen, dabei den Stock vor sich ablegen, sodass ein Lagerfeuer entsteht.
Sie schliefen unterm freien Himmelszelt, das war ihre Welt. Yippiejeih!	Die Partner sitzen Rücken an Rücken (den Kopf jeweils zurück auf die Schulter des Partners legen).

So geht's: Hören Sie sich zunächst mit den Kindern Track **46** (gesprochene Verse) und Track **47** (Musik) direkt nacheinander an. Dann üben Sie die Bewegungen zum Text Abschnitt für Abschnitt ein. Sprechen oder lesen Sie den ersten Textabschnitt vor, und zeigen sie den Kindern anschließend die entsprechenden Bewegungen. Wenn die Kinder diese gelernt haben, kommt die Musik zum Einsatz: Nachdem Sie den Textabschnitt noch einmal gesprochen haben, spielen Sie Track **47** ein. Die Kinder führen die entsprechenden Bewegungen nun zur Musik aus, bis diese zu Ende ist. Auf die gleiche Weise lernen die Kinder auch die Bewegungen zu den drei weiteren Textabschnitten.

Bewegungsidee 2

Material: (Track **78**)
Vorbereitung: /
Ausgangsposition: Die Kinder stehen frei verteilt im Raum.

So geht's: Kinder lieben es, zu hüpfen. Bieten Sie den Kindern verschiedene Hüpfvarianten zu Track **78**, dies ist eine längere Version des Tracks **47**. Mögliche Hüpfarten, die sich weiter variieren lassen, sind z. B. Seitgalopp, Wechselhüpfen oder Pferdchengalopp.

Die Kinder üben:
- Seitgalopp mit dem rechten Fuß führend.
- Seitgalopp mit dem linken Fuß führend.
- Seitgalopp mit den Armen eingestützt oder mit den Armen in der Seithalte.
- Seitgalopp auf verschiedenen Raumwegen: im Viereck, über die Diagonale, im Kreis.
- Seitgalopp paarweise.
- Wechselhüpfen („Kinderhüpfen") vorwärts, rückwärts und gedreht. Dies ist wunderbar für die Schulung der Raumwahrnehmung und die Raumorientierung.
- Lassen Sie die Kinder alle in einer Reihe hintereinander hüpfen, dabei gibt das erste Kind die Richtung vor. So können verschiedene Raumwege eingeübt werden.

Bewegungsidee 3

Material: (Track **78**), Seile
Vorbereitung: Die Kinder gehen paarweise zusammen und bekommen ein Seil.
Ausgangsposition: Pferdchengalopp zu zweit: Ein Kind übernimmt die Rolle des Pferdes, das andere die des Reiters. Dafür wird das Seil um den Brustbereich des ersten Kindes (Pferd) geführt und unter seinen Achseln durchgezogen. Das zweite Kind hat das Seil als Zügel in den Händen.

So geht's: Die Kinder hüpfen zu zweit als Pferd und Reiter durch den Raum; Rollentausch bei Wiederholung.

Kreativtipp

Indianerhäuptlinge

Cowboys und Indianer sind in der Geschichte des Wilden Westens untrennbar miteinander verbunden. So ist es nicht verwunderlich, dass jeder kleine Cowboy auch einen kleinen Indianerfreund braucht.

Material: weißes Papier, Fingerfarben, Pinsel, schwarzer Filzstift, evtl. Federn
Vorbereitung: Eine Handfläche eines jeden Kindes wird mit brauner Fingerfarbe mit dem Pinsel angemalt. Jeder Finger, außer dem Daumen, bekommt eine eigene Farbe.

Tipp: Die Farben nicht zu dick auftragen, sonst trocknen sie nicht.

So geht's: Jedes Kind presst seine Hand auf ein Blatt Papier. Ist die Farbe getrocknet, erhält der kleine Indianer mit dem Filzstift ein Gesicht und die farbigen Finger werden mit ein paar Strichen zu Federn. Jetzt fehlt nur noch ein Halbkreis als Stirnband, schon ist der Indianerhäuptling fertig. Natürlich kann der Kopfschmuck auch mit echten Federn verziert werden.

Der Sternenhimmel

Wenn sich die Nacht über die Erde senkt
und der Mond sein Licht über den Himmel lenkt,
dann senden unzählige Sterne
ihren Schein aus weiter Ferne.

Sie funkeln, glitzern und flimmern,
sie glänzen, strahlen und schimmern.

Sie funkeln, glitzern und flimmern,
sie glänzen, strahlen und schimmern.

Und siehst du einen Stern zur Erde gleiten,
dann darfst du vor ihm einen Wunsch ausbreiten.
Manchmal wird er in Erfüllung gehn,
du musst nur erst eine Sternschnuppe sehn.

Das Musikstück

Tonart: A-Dur, Taktart: Vierviertel Tempo: 60 bpm
Die im Arrangement eingebundenen Synthesizer stellen die nicht fassbare Weite des Weltalls dar. Im Gegensatz dazu steht das Glockenspiel, das mit seinen Schlägen das Funkeln der Sterne imitiert.

Bewegungsidee I

Material: (Tracks **48**+**79**), Krepp-Klebeband
Vorbereitung: In der Raummitte mit dem Klebeband einen Kreis markieren.
Ausgangsposition: Die Kinder liegen in einer Sternform im Kreis auf dem Boden (wie ein Schneeengel).

Wenn sich die Nacht über die Erde senkt und der Mond sein Licht über den Himmel lenkt, dann senden unzählige Sterne ihren Schein aus weiter Ferne.	Still auf dem Boden liegen.
(8 Schläge)	
1	Arme und Beine schließen, Füße aufstellen und Hände umfassen die Knie.
2	Mit Schwung der Beine zum Sitzen kommen.
3	Unterschenkel auf einer Seite seitlich neben den Po ziehen.
4	Kniestand.
5	Rechtes Bein gestreckt auf die Seite bringen.
6	Auf den rechten Fuß stellen.
7	Rechten Arm in Schulterhöhe auf die Seite strecken.
8	Linken Arm in Schulterhöhe auf die Seite strecken.
Sie funkeln, glitzern und flimmern, sie glänzen, strahlen und schimmern.	Linke Hand auf den Boden in Kniehöhe absetzen, rechten Arm seitlich am Ohr vorbeistrecken, Oberkörper nach links neigen.

(8 Schläge)	
1	Hand vom Boden lösen.
2	Oberkörper aufrichten.
3	Rechte Hand einstützen.
4	Linke Hand einstützen.
5	Rechtes Bein anwinkeln und neben das linke Bein ziehen (Kniestand).
6	Linkes Bein gestreckt auf die Seite bringen, auf den linken Fuß stellen.
7	Linken Arm in Schulterhöhe auf die Seite strecken.
8	Rechten Arm in Schulterhöhe auf die Seite strecken.
Sie funkeln, glitzern und flimmern, sie glänzen, strahlen und schimmern.	Rechte Hand auf den Boden in Kniehöhe absetzen, linken Arm seitlich am Ohr vorbeistrecken, Oberkörper nach rechts neigen.
(8 Schläge)	
1	Hand vom Boden lösen.
2	Oberkörper aufrichten.
3	Linke Hand einstützen.
4	Rechte Hand einstützen.
5	Linkes Bein anwinkeln und neben das rechte Bein ziehen (Kniestand).
6	Rechten Fuß nach vorn aufstellen
7	Linken Fuß nach vorn aufstellen und aufstehen.
8	Einen Sprung in die Grätsche und die Arme in einem „V“ nach oben über den Kopf strecken (Schneeengel im Stehen)
Und siehst du einen Stern zur Erde gleiten, dann darfst du vor ihm einen Wunsch ausbreiten. Manchmal wird er in Erfüllung gehn, du musst nur erst eine Sternschnuppe sehn.	Position halten.
(Instrumentalteil)	Als Sternschnuppe frei durch den Raum tanzen.
(Glissando)	Schnell in sich zusammensinken und auf dem Boden in der Anfangsposition enden (Schneeengel).

So geht's: Üben Sie mit den Kindern die jeweiligen Übergänge (acht Schläge) von Pose zu Pose. Wenn alle Kinder dies verstanden haben, bewegen Sie sich zu Track **48**. Track **79** ist die Instrumentalmusik, diese kann dann verwendet werden, wenn alle Kinder die Bewegungsabläufe gut verinnerlicht haben.

Spieltipps

Sternenleuchten: Fingerspiel

Material: /
Vorbereitung: /
Ausgangsposition: Alle Kinder sitzen im Kreis.

Am Himmel leuchtet ein kleiner Stern.	Den kleinen Finger zeigen.
Ich freue mich, ich hab ihn gern.	
Ein zweiter kommt hinzu.	Den Ringfinger zeigen.
Ich grüße ihn mit „Hallo du!“	
Jetzt leuchtet auch schon Nummer drei und vier,	Mittel- und Zeigefinger zeigen.
viele, viele Sterne leuchten plötzlich hier.	
Doch ist am Morgen die Sonne zu sehn,	Mit allen zehn Fingern in Brusthöhe zappeln. Hände in einem Halbkreis seitlich nach unten führen.
dann müssen die Sterne wieder gehn.	Hände hinter dem Rücken verstecken.

Sternenleuchten: Klanggeschichte

Material: Glöckchen, eine Klangschale
Vorbereitung: Jedes Kind bekommt ein Glöckchen, die Glöckchen 1–4 werden bestimmt. Ein Kind erhält die Klangschale.
Ausgangsposition: Alle Kinder sitzen im Kreis.

Am Himmel leuchtet ein kleiner Stern.	1. Glöckchen läutet.
Ich freue mich, ich hab ihn gern.	
Ein zweiter kommt hinzu.	2. Glöckchen läutet.
Ich grüße ihn mit „Hallo du!“	
Jetzt leuchtet auch schon Nummer drei und vier,	3. und 4. Glöckchen läutet.
viele, viele Sterne leuchten plötzlich hier.	
Doch ist am Morgen die Sonne zu sehn,	Alle Glöckchen läuten.
dann müssen die Sterne wieder gehn.	Klangschale einmal anschlagen.
	Glöckchenkopf mit der Hand umfassen.

Trackliste

Verse und Musik

01 Der kleine Kältegeist
02 Im Land der Schneekönigin
03 Es regnet
04 Novembermorgen (gesprochen)
05 Novembermorgen (Musik)
06 Zirkuswelt (gesprochen)
07 Zirkuswelt Einmarsch/Ausmarsch (Musik)
08 Zirkuswelt langsam (Musik)
09 Zirkuswelt schnell (Musik)
10 Kitzelmonster
11 Alle meine Entchen
12 Im Märchenland
13 Der Flaschengeist
14 Im Morgenland Vers 1
15 Im Morgenland Musik 1
16 Im Morgenland Vers 2
17 Im Morgenland Musik 2
18 Im Morgenland Vers 3
19 Im Morgenland Musik 3
20 Im Morgenland Vers 4
21 Im Morgenland Musik 4
22 Im Morgenland Vers 5
23 Im Morgenland Musik 5
24 Im Regenbogenland Vers 1
25 Im Regenbogenland Musik 1
26 Im Regenbogenland Vers 2
27 Im Regenbogenland Musik 2
28 Im Regenbogenland Vers 3
29 Im Regenbogenland Musik 3
30 Kleine Nachtgespenster
31 Mein Luftballon
32 Flummis Vers 1
33 Flummis Musik 1
34 Flummis Vers 2
35 Flummis Musik 2
36 Flummis Vers 3
37 Flummis Musik 3
38 Flummis Vers 4
39 Flummis Musik 4
40 Flummis Vers 5
41 Flummis Musik 5
42 Flummis Vers 6
43 Flummis Musik 6
44 Kauguuuummi
45 Robert Roboter
46 Yippiejeih Vers
47 Yippiejeih Musik (Kurzversion)
48 Sternenhimmel

Instrumentalstücke

49 Der kleine Kältegeist
50 Im Land der Schneekönigin
51 Es regnet
52 Novembermorgen
53 Zirkuswelt Einmarsch/Ausmarsch
54 Zirkuswelt langsam
55 Zirkuswelt schnell
56 Kitzelmonster
57 Alle meine Entchen
58 Im Märchenland
59 Der Flaschengeist
60 Im Morgenland 1
61 Im Morgenland 2
62 Im Morgenland 3
63 Im Morgenland 4
64 Im Morgenland 5
65 Im Regenbogenland 1
66 Im Regenbogenland 2
67 Im Regenbogenland 3
68 Kleine Nachtgespenster
69 Mein Luftballon
70 Flummis 1
71 Flummis 2
72 Flummis 3
73 Flummis 4
74 Flummis 5
75 Flummis 6
76 Kauguuuummi
77 Robert Roboter
78 Yippiejeih (Langversion)
79 Sternenhimmel